Intelligence Artificielle appliquée au domaine de la santé

Sommaire

Chapitre 4 - IA et recherche pharmaceutique.

Chapitre 5 - IA dans la gestion des données patient.

Chapitre 6 - Robotique et IA dans les soins de santé.

Chapitre 1
Introduction à
l'Intelligence Artificielle.

Définitions et concepts clés

L'intelligence artificielle (IA) est souvent considérée comme l'une des avancées technologiques les plus prometteuses de notre époque, notamment dans le domaine de la santé. Pour comprendre son application, il est crucial de saisir les définitions et concepts clés qui sous-tendent cette technologie. L'IA se réfère à la capacité de machines à imiter des fonctions cognitives humaines telles que l'apprentissage, le raisonnement, et la résolution de problèmes. Elle repose sur des algorithmes complexes et l'analyse de grandes quantités de données pour fournir des solutions autonomes ou semi-autonomes. Dans le contexte de la santé, l'IA peut se manifester sous diverses formes, allant des systèmes de diagnostic assisté par ordinateur aux robots chirurgicaux, en passant par les applications de prédiction et gestion des données patient.

Un concept fondamental de l'IA est celui de l'apprentissage automatique (machine learning), une sous-discipline qui permet aux ordinateurs de "apprendre" à partir de données sans être explicitement programmés pour chaque tâche. Il existe plusieurs types d'apprentissage automatique, mais les plus couramment utilisés dans la santé sont l'apprentissage supervisé, non supervisé, et par renforcement. Dans l'apprentissage supervisé, le modèle est formé sur un ensemble de données étiquetées, ce qui lui permet de faire des prédictions ou classifications. Par exemple, il peut être utilisé pour identifier les cellules cancéreuses dans des images médicales. L'apprentissage non supervisé, en revanche, analyse des données non étiquetées pour en découvrir des structures ou des patterns cachés, souvent utilisé pour le regroupement de patients ou l'identification de nouvelles maladies. L'apprentissage par renforcement, quant à lui, enseigne aux machines à prendre des décisions séquentielles, ce qui pourrait être utilisé pour optimiser les plans de traitement en temps réel.

Un autre concept clé est celui du traitement du langage naturel (NLP), qui permet aux machines de comprendre, analyser et parfois même générer le langage humain. Dans le domaine de la santé, le NLP joue un rôle crucial dans la gestion des dossiers médicaux électroniques, l'analyse des publications scientifiques, et l'interaction avec les patients via les chatbots. Cela améliore l'efficacité du système de santé en automatisant les tâches fastidieuses et en facilitant une meilleure communication entre les patients et les professionnels de la santé.

Les réseaux de neurones artificiels, inspirés des neurones biologiques, sont également un pilier de l'IA, en particulier dans le développement de modèles profonds connus sous le nom de deep learning. Ces réseaux sont constitués de couches hiérarchiques de neurones artificiels et sont particulièrement efficaces pour le traitement d'images médicales, comme les radiographies ou IRM, où une reconnaissance de motifs complexe est nécessaire.

La vision par ordinateur, permise principalement par les avancées en deep learning, donne aux machines la capacité de comprendre et interpréter le monde visuel. Dans le contexte médical, cela signifie l'automatisation de l'analyse d'images pour détecter des anomalies qui pourraient échapper à l'œil humain.

Un aspect essentiel de l'application de l'IA en santé est l'éthique et la confidentialité des données. Il est primordial de garantir que l'utilisation des technologies de l'IA respecte la vie privée des patients et que les algorithmes sont exempts de biais discriminatoires. Cela nécessite une régulation attentive et l'engagement des parties prenantes pour veiller à ce que les systèmes d'IA soient transparents, explicables et équitables. En comprenant ces concepts clés, il devient possible d'apprécier et de tirer parti du potentiel de l'IA pour transformer les soins de santé, en améliorant à la fois l'efficacité et la qualité des services fournis aux patients.

Historique de l'IA dans la santé

L'histoire de l'intelligence artificielle dans le domaine de la santé a débuté bien avant que les systèmes modernes ne commencent à façonner les soins médicaux du XXIe siècle. Dès les années 1950, alors que l'IA émergeait en tant que champ d'étude, des chercheurs visionnaires commençaient à envisager ses applications potentielles dans la médecine. Les premiers efforts étaient principalement théoriques, axés sur la création de systèmes capables de résoudre des problèmes complexes par eux-mêmes, une idée radicale pour l'époque. Au fil des décennies, ces idées ont commencé à se concrétiser, façonnées par des avancées technologiques et un intérêt croissant pour l'amélioration de l'efficacité des soins de santé.

Dans les années 1970, le développement de systèmes experts comme MYCIN, un programme destiné à diagnostiquer des infections bactériennes, a marqué une étape significative. MYCIN utilisait une base de règles pour analyser les symptômes et suggérer des traitements, montrant ainsi que les ordinateurs pouvaient potentiellement égaler, voire surpasser, les capacités diagnostiques des experts humains dans certains domaines. Cet engouement pour l'utilisation de l'IA en médecine a ouvert la voie à une recherche accrue, avec des chercheurs désireux d'explorer comment l'IA pourrait transformer d'autres aspects de la santé, du diagnostic à la prise de décision en passant par les soins aux patients.

Les années 1980 et 1990 ont vu l'essor des systèmes de diagnostic assistés par ordinateur. Les avancées dans les capacités de calcul et les bases de données ont permis la collecte et l'analyse de grandes quantités de données médicales. Cela a permis le développement de systèmes capables d'analyser des images médicales, telles que les radiographies ou les IRM. Ces systèmes offraient un double gain : réduction des erreurs humaines et amélioration de la vitesse et de la précision des diagnostics. Parallèlement, l'IA commençait à influencer la recherche pharmaceutique, en aidant à la découverte de nouveaux médicaments et en optimisant les essais cliniques.

L'avènement de l'Internet au tournant du millénaire a catapulté l'IA vers une ère de connectivité et d'accès mondial aux données. Les systèmes de gestion des dossiers médicaux électroniques ont commencé à incorporer des algorithmes d'IA pour offrir des analyses prédictives. Cela a non seulement amélioré le suivi des patients, mais a également contribué à réduire les coûts de santé en permettant une planification proactive des soins. Durant cette période, l'apprentissage automatique a émergé comme une composante cruciale de l'IA, transformant la manière dont les systèmes médicaux traitaient et analysaient les données, avec l'apprentissage profond qui ne tarderait pas à révolutionner encore davantage le domaine.

Aujourd'hui, l'intégration de l'IA dans la santé a atteint un niveau sans précédent. De la personnalisation des traitements par la médecine de précision à l'automatisation des procédures administratives, chaque aspect du secteur de la santé est touché. Les systèmes d'IA aident à identifier des traitements pour des maladies rares, à détecter précocement des cancers à partir de scans, et même à gérer des urgences médicales par des chatbots. Cette histoire de l'IA dans le domaine de la santé n'est pas seulement une chronique d'avancées technologiques, mais aussi un témoignage de l'évolution des soins impartis, alignée sur les progrès de l'innovation et le désir humain d'améliorer le bien-être global. En regardant vers l'avenir, l'impact de l'IA ne fera que croître, promettant de transformer les soins de santé de manière révolutionnaire.

Pourquoi l'IA dans la santé?

L'intégration de l'intelligence artificielle dans le domaine de la santé n'est pas simplement une tendance moderne, mais une évolution nécessaire pour répondre aux défis complexes de ce secteur. Les systèmes de santé du monde entier font face à un nombre croissant de patients, des coûts en augmentation, et une exigence constante de précision et d'efficacité. Dans ce contexte, l'IA représente une solution potentialisée grâce à sa capacité à analyser de larges volumes de données, à détecter des schémas subtils et à offrir des insights précieux, le tout à une vitesse souvent bien supérieure à celle de l'esprit humain.

Imaginez un monde où les diagnostics sont réalisés avec une rapidité et une précision inégalées. L'IA, à travers ses algorithmes sophistiqués, peut examiner des milliers d'images médicales en un temps record, permettant de détecter des anomalies qui pourraient passer inaperçues aux yeux d'un médecin, surchargé de travail. Cette capacité ne sert pas seulement à améliorer le taux de détection précoce des maladies, mais elle diminue aussi la marge d'erreur humaine, garantissant aux patients des diagnostics plus fiables et des traitements adaptés, accélérant ainsi leur rétablissement.

Un autre avantage capital de l'IA dans la santé est sa faculté à personnaliser les soins. Chaque individu est unique, mais les traitements médicaux, jusqu'à présent, ont souvent suivi des protocoles standardisés. Avec l'IA, il devient possible d'analyser et de croiser les données génétiques, les histoires médicales, et les modes de vie, pour concevoir des protocoles thérapeutiques véritablement adaptés à chaque patient. Cela non seulement optimise les résultats thérapeutiques, mais contribue également à réduire les effets secondaires indésirables, en faisant de la médecine personnalisée une réalité tangible.

L'IA joue également un rôle crucial dans la gestion des ressources et la prise de décision au sein des infrastructures de santé. Grâce à des prédictions fondées sur des données en temps réel, les hôpitaux peuvent mieux gérer les flux de patients, anticiper les pics de demandes, et optimiser l'affectation du personnel. Cela se traduit par une amélioration de l'efficacité des soins, une réduction des temps d'attente et une satisfaction accrue des patients.

De plus, dans les zones où l'accès aux soins médicaux est limité, l'IA sert de levier pour rendre les soins de santé plus accessibles. Par le biais de plateformes mobiles et d'applications intelligentes, les patients peuvent recevoir des conseils médicaux, des diagnostics préliminaires, et même suivre certains traitements à distance. Cela est particulièrement vital dans les régions rurales ou moins développées, où la pénurie de médecins peut poser de graves problèmes de santé publique.

Enfin, la contribution de l'IA dans la recherche médicale est incommensurable. En analysant des montagnes de données issues d'essais cliniques et de recherches biomédicales, l'IA accélère la découverte de nouveaux médicaments et thérapeutiques. Elle aide à identifier de nouvelles molécules, à prévoir leur efficacité et leurs effets secondaires, rendant le processus de développement de médicaments moins coûteux et plus efficient.

Ainsi, l'adoption de l'intelligence artificielle dans le domaine de la santé promet non seulement de transformer la manière dont les soins sont dispensés, mais aussi de redéfinir notre compréhension même de la santé et du bien-être, ouvrant la voie à une ère nouvelle de médecine augmentée par les machines.

Éthique et implications de l'IA

L'éthique et les implications de l'intelligence artificielle dans le domaine de la santé constituent un sujet délicat et complexe, qui suscite des débats passionnés parmi les experts, les praticiens et le grand public. L'utilisation de l'IA en santé offre des perspectives prometteuses, comme l'amélioration des diagnostics, la personnalisation des traitements et l'optimisation des ressources médicales. Cependant, elle soulève également des questions cruciaux sur la confidentialité, la responsabilité et l'équité.

La confidentialité des données patient est l'une des préoccupations éthiques majeures. Les systèmes d'IA nécessitent des quantités massives de données pour fonctionner efficacement, souvent recueillies à partir de dossiers médicaux électroniques, d'images médicales ou de capteurs corporels. Garantir la sécurité et l'anonymat de ces informations sensibles est un défi. Les violations de sécurité pourraient entraîner des conséquences désastreuses pour les individus, d'où la nécessité d'implémenter des protocoles rigoureux de protection des données et de respecter les réglementations en vigueur. De plus, il est essentiel d'informer les patients sur l'utilisation de leurs données, en respectant leur autonomie et en obtenant leur consentement éclairé.

La responsabilité en cas d'erreurs ou de défaillances de l'IA est une autre question centrale. Les décisions prises par des systèmes d'IA, même lorsqu'elles sont basées sur des modèles sophistiqués et des algorithmes avancés, peuvent potentiellement conduire à des diagnostics erronés ou à des traitements inappropriés. Dans ces situations, établir qui est responsable — l'algorithme, le développeur, l'institution de santé ou les professionnels qui appliquent les recommandations de l'IA — est complexe. Cela engendre un besoin urgent de clarifier les cadres juridiques et réglementaires, afin d'assurer une répartition équitable et juste de la responsabilité.

L'éthique de l'IA en santé s'étend également à la question de l'équité et de l'accessibilité. Il existe un risque que l'IA amplifie les inégalités existantes si son déploiement n'est accessible qu'à certains groupes ou régions privilégiés. L'IA pourrait favoriser les patients dont les données sont disponibles en grand nombre ou mieux représentées, au détriment des minorités démographiques ou des régions moins développées. Il est crucial d'élaborer des stratégies pour garantir que l'IA en santé ne soit pas seulement un privilège, mais un outil équitable permettant d'améliorer la santé de tous.

Enfin, l'intégration de l'IA dans la médecine soulève des préoccupations concernant la déshumanisation des soins. La médecine repose essentiellement sur des relations humaines et une compréhension empathique, des éléments que les machines, aussi avancées soient-elles, ne peuvent totalement reproduire. Les outils d'IA doivent donc être conçus pour augmenter, et non remplacer, l'interaction humaine, conservant ainsi l'importance du jugement clinique et de la compassion dans les soins de santé.

En conclusion, l'intégration réussie de l'IA dans le domaine de la santé nécessite une approche équilibrée, qui tienne compte de ses multiples implications éthiques. Elle appelle à la collaboration entre divers acteurs — développeurs, professionnels de santé, législateurs, et patients —

pour élaborer des solutions qui soient à la fois avant-gardistes et respectueuses des valeurs humaines fondamentales.

Chapitre 2
Fondamentaux de
l'Intelligence Artificielle.

Apprentissage supervisé et non supervisé

L'apprentissage supervisé et l'apprentissage non supervisé sont deux piliers fondamentaux de l'intelligence artificielle, chacun offrant des approches uniques pour exploiter les données dans le domaine de la santé. Dans le cadre de l'apprentissage supervisé, le modèle est formé à partir d'un ensemble de données annotées, où chaque exemple comprend une entrée et la sortie souhaitée. La formation se déroule ainsi sous la supervision constante des données déjà étiquetées, ce qui permet à l'algorithme de "comprendre" les relations entre les variables. En santé, cela peut être illustré par des algorithmes capables de détecter des tumeurs malignes sur la base d'images médicales préalablement annotées par des experts. Les modèles peuvent ainsi apprendre à différencier les tissus sains des tissus malades avec une précision impressionnante, améliorant à la fois le diagnostic et la rapidité de détection.

D'un autre côté, l'apprentissage non supervisé ne repose pas sur des annotations explicites. Ici, l'algorithme explore les données pour y découvrir des motifs et des structures inhérentes sans supervision directe. Dans le domaine de la santé, cela est particulièrement utile pour l'analyse de vastes ensembles de données médicales où les étiquettes ne sont pas toujours disponibles ou ne sont pas évidentes à établir. Par exemple, des méthodes comme le regroupement peuvent être employées pour identifier des groupes distincts de patients présentant des symptômes similaires, menant à de nouvelles catégorisations de maladies ou à la proposition de nouvelles voies de traitement. L'apprentissage non supervisé peut également être utilisé pour détecter des anomalies dans les données, ce qui est crucial pour identifier des cas rares ou des erreurs potentielles dans les dossiers médicaux.

L'intégration de ces deux approches dans le secteur de la santé offre une synergie puissante. En combinant les forces de l'apprentissage supervisé et non supervisé, il est possible de développer des systèmes capables non seulement de fournir des diagnostics précis basés sur des connaissances établies, mais aussi d'identifier de nouvelles tendances et anomalies qui pourraient échapper à l'œil humain ou aux méthodes traditionnelles. Il s'agit d'un équilibre délicat, où l'approche supervisée apporte la rigueur du contrôle et la précision, tandis que la méthode non supervisée élargit l'horizon de la découverte en explorant l'inconnu.

Alors que la technologie continue d'évoluer, l'utilisation judicieuse de l'apprentissage supervisé et non supervisé dans le domaine de la santé promet de transformer profondément la manière dont les diagnostics sont réalisés, les traitements sont prescrits et les patients sont suivis. Cependant, il est essentiel de reconnaître les limites et les défis associés à chaque méthode, notamment en ce qui concerne la qualité et la quantité des données, les biais potentiels et les implications éthiques. C'est par une compréhension approfondie de ces approches et une application réfléchie dans des contextes médicaux spécifiques que nous pourrons réellement libérer le potentiel de l'intelligence artificielle pour améliorer les résultats de santé et, en fin de compte, sauver des vies.

Réseaux de neurones et deep learning

Les réseaux de neurones et le deep learning jouent un rôle central dans le domaine de l'intelligence artificielle, notamment lorsqu'il s'agit d'applications en santé. Inspirés par le fonctionnement du cerveau humain, les réseaux de neurones artificiels sont composés de nœuds interconnectés qui collaborent pour traiter et analyser des données complexes. Ces structures permettent d'apprendre et de reconnaître des modèles, des caractéristiques importantes dans le diagnostic médical et le traitement personnalisé.

Les réseaux de neurones sont particulièrement efficaces pour gérer des tâches où les relations entre les données sont trop complexes pour être définies explicitement par des règles humaines. Par exemple, l'analyse d'images médicales pour détecter des anomalies telles que des tumeurs peut être accomplie en utilisant des réseaux de neurones convolutifs, une architecture spécialisée dans le traitement d'images. Grâce à de vastes ensembles de données étiquetées, ces réseaux peuvent apprendre à identifier les indicateurs subtils de maladies avec une précision parfois supérieure à celle des experts humains.

Le deep learning, ou apprentissage profond, est une sous-discipline des réseaux de neurones qui utilise des couches multiples pour extraire des informations de haut niveau des données brutes. Chaque couche d'un réseau de deep learning apprend à extraire des caractéristiques spécifiques, raffinant progressivement la représentation des données au fil du passage dans le réseau. Cette hiérarchisation de l'information est particulièrement bénéfique dans le secteur de la santé, où elle permet des avancées telles que le dépistage automatisé des maladies et la prédiction des réponses aux traitements.

Un des défis des réseaux de neurones et du deep learning dans le domaine de la santé réside dans la nécessité de disposer de grandes quantités de données pour entraîner ces modèles de manière efficace. La variabilité des données médicales, due à des différences entre les appareils de mesure, les protocoles de traitement ou même de légères nuances culturelles, peut également rendre ce processus plus complexe. Cependant, l'avènement des techniques d'apprentissage par transfert et des méthodes de renforcement du signal a permis de surmonter certains de ces obstacles, rendant les modèles plus robustes et adaptatifs à différentes conditions.

En outre, la transparence et l'interprétabilité des modèles de deep learning dans le secteur médical sont des préoccupations majeures. Les décisions médicales basées sur des recommandations d'algorithmes doivent être justifiables et compréhensibles par les professionnels de santé. Pour répondre à cette exigence, des efforts considérables sont déployés pour développer des approches permettant d'expliquer les décisions des réseaux de neurones, rendant ainsi la technologie plus accessible et fiable pour les cliniciens.

En fin de compte, en exploitant la puissance des réseaux de neurones et du deep learning, le potentiel pour révolutionner les soins de santé est immense. Des diagnostics plus précis et plus rapides, une personnalisation accrue des traitements et une amélioration de l'accès aux soins, notamment dans les régions reculées, constituent quelques-unes des promesses que ces technologies pourraient concrétiser. Néanmoins, pour réaliser pleinement ce potentiel, il est essentiel de combiner les avancées technologiques avec des considérations éthiques et un cadre réglementaire adapté, garantissant ainsi que l'innovation serve en définitive le bien-être des patients.

Traitement du langage naturel

Le traitement du langage naturel (TLN) est une sous-discipline de l'intelligence artificielle qui se concentre sur l'interaction entre les ordinateurs et le langage humain. Il joue un rôle crucial dans le domaine de la santé, car il permet de transformer la vaste quantité de données textuelles non structurées en informations exploitables. Avec l'explosion des dossiers médicaux électroniques, des notes cliniques et des publications scientifiques, le potentiel du TLN pour améliorer les soins de santé est immense. Dans les hôpitaux, par exemple, le TLN peut être utilisé pour extraire des informations importantes à partir de notes dictées par les médecins, facilitant ainsi la création de dossiers médicaux précis et à jour. En analysant ces textes, les algorithmes peuvent détecter des tendances, identifier des symptômes ou établir des diagnostics en temps réel, ce qui peut considérablement améliorer la qualité des soins.

L'un des défis du traitement du langage naturel est de comprendre le contexte et la signification des mots, car le langage humain est souvent complexe, ambigu et riche en nuances. Pour surmonter ces difficultés, les experts en IA utilisent des techniques avancées, telles que le machine learning et le deep learning, afin de développer des modèles capables de traiter le langage de manière plus humaine. Les modèles de réseaux de neurones comme les Transformers, à l'origine de générateurs de langage tels que GPT, ont révolutionné le TLN en leur permettant de "comprendre" et de générer du texte de manière beaucoup plus sophistiquée qu'auparavant. Ces modèles sont entraînés sur d'énormes corpus de textes pour apprendre les subtilités du langage, incluant les contextes culturels et techniques spécifiques.

L'application du TLN dans la santé ne se limite pas à la simple extraction et analyse de texte. Il est également utilisé pour faciliter la communication entre le patient et le professionnel de santé. Par exemple, les chatbots médicaux basés sur le TLN peuvent fournir des réponses en temps réel aux questions des patients, leur offrant des conseils préliminaires avant la consultation d'un médecin. En traitant les questions et les réponses, ces systèmes peuvent également accumuler des informations précieuses qui aident à anticiper des tendances de santé publique.

Une autre utilisation prometteuse du TLN dans la santé est la recherche pharmaceutique. En automatisant l'examen des articles scientifiques, des essais cliniques et des rapports, le TLN peut accélérer la découverte de nouveaux médicaments en identifiant rapidement des relations significatives entre les biomolécules, les symptômes et les traitements possibles. Cela contribue à réduire le temps nécessaire pour amener un nouveau traitement du laboratoire au chevet du patient.

Cependant, il est essentiel de souligner l'importance de l'éthique et de la confidentialité dans l'application du TLN dans le domaine de la santé. Les données de santé sont parmi les plus sensibles, et leur traitement doit être effectué avec le plus grand soin pour protéger la vie privée des patients. Des cadres de régulation solides et la mise en œuvre de normes de sécurité strictes sont indispensables pour garantir que les avantages du TLN soient réalisés de manière responsable et éthique. Ainsi, alors que le TLN continue de transformer le secteur de la santé, il est impératif de veiller à ce que les progrès technologiques soient équilibrés par des considérations éthiques rigoureuses.

Analyse de données massives (Big Data)

Dans le domaine de la santé, l'analyse des données massives, ou Big Data, a bouleversé la manière dont les soins médicaux sont dispensés et les recherches sont conduites. En exploitant des volumes gigantesques de données provenant de diverses sources, dont les dossiers médicaux électroniques, les essais cliniques et les études épidémiologiques, l'intelligence artificielle permet d'extraire des informations précieuses qui étaient auparavant inaccessibles. Le Big Data se compose de trois caractéristiques principales : le volume, la variété et la vélocité. Ces éléments conjugués rendent la gestion et l'analyse des données en santé complexes, mais également incroyablement prometteuses. Grâce à l'apprentissage automatique et à d'autres techniques avancées, il est désormais possible de détecter des tendances et des correlations qui échappaient autrefois aux chercheurs.

Le traitement de ces données massives exige des algorithmes sophistiqués capables de filtrer les informations pertinentes parmi un océan de données hétérogènes. Par exemple, dans le contexte des diagnostics médicaux, l'intelligence artificielle peut analyser des milliers de scans d'imagerie médicale pour repérer des anomalies indicatives de maladies spécifiques, comme des tumeurs, bien avant qu'elles ne soient identifiables par les yeux humains. Cela améliore considérablement la précision et la rapidité du diagnostic, permettant d'entamer plus tôt des traitements potentiellement vitaux. De même, l'analyse des Big Data en santé permet d'élaborer des modèles prédictifs qui aident à anticiper les épidémies, à suivre la progression des maladies chroniques et à personnaliser les traitements en fonction du profil de chaque patient.

Au cœur de cette révolution se trouvent les avancées en infrastructure technologique, telles que le cloud computing, qui facilitent le stockage et l'accès aux données massives, ainsi que les réseaux neuronaux profonds qui optimisent le traitement de ces données. La sécurité des données revêt également une importance capitale, car la protection des informations personnelles sensibles est essentielle à la confiance du public et au respect de la législation. À cet effet, des techniques comme la cryptographie avancée et l'anonymisation des données sont employées pour garantir que les renseignements médicaux des individus ne soient pas compromis.

L'un des défis majeurs demeure l'intégration des systèmes de données, souvent disparates et fragmentés. L'interopérabilité des systèmes de santé est cruciale pour garantir que les données puissent être partagées et utilisées efficacement à travers différentes plateformes et institutions. En dépit de ces obstacles, les incitations économiques et scientifiques à surmonter ces défis restent puissantes, motivées par la promesse d'une médecine plus personnalisée, préventive et proactive.

Par ailleurs, l'éthique entourant l'analyse des Big Data en santé ne peut être négligée. L'équilibre entre innovation et respect des lois éthiques sur la vie privée est délicat, mais indispensable. Les professionnels de la santé, les législateurs et les chercheurs doivent collaborer pour établir des lignes directrices qui garantissent un usage bénéfique et responsable des données massives.

En fin de compte, l'analyse des Big Data dans le secteur de la santé ne consiste pas uniquement à traiter des chiffres ou des algorithmes complexes. Il s'agit de transformer ces chiffres en connaissances pratiques qui peuvent sauver des vies et améliorer la qualité des soins. Alors que nous avançons dans cette ère de l'information, l'IA nous offre la possibilité de repenser fondamentalement la manière dont nous abordons la santé humaine, rendant la médecine non seulement plus intelligente, mais aussi plus humaine.

Chapitre 3
Applications de l'IA
dans le diagnostic
médical.

Systèmes de soutien à la décision clinique

Les systèmes de soutien à la décision clinique (SSDC) représentent une avancée remarquable dans l'intégration de l'intelligence artificielle au sein du domaine médical. Ces systèmes révolutionnent le diagnostic médical en offrant des perspectives inédites pour les professionnels de santé. Fondamentalement, les SSDC sont conçus pour analyser des volumes massifs de données cliniques et fournir des recommandations précieuses afin de faciliter les prises de décision des praticiens. Leur but n'est pas de remplacer les médecins, mais plutôt de les assister en optimisant l'analyse des informations disponibles pour parvenir à un diagnostic plus précis et rapide.

Les SSDC utilisent diverses techniques d'intelligence artificielle, notamment le machine learning et le traitement du langage naturel, pour analyser des informations complexes issues de dossiers médicaux électroniques, de résultats de laboratoire, et autres données cliniques pertinentes. Grâce à ces technologies, ils parviennent à identifier des schémas ou des tendances que l'œil humain pourrait ignorer. Cette capacité d'analyse permet notamment de détecter des maladies rares, de suggérer des diagnostiques potentiels, ou d'évaluer le risque de complications en tenant compte de l'ensemble du contexte clinique du patient.

Un exemple emblématique de cet apport est le rôle qu'ils jouent dans la détection précoce de maladies graves telles que le cancer. En combinant des données d'imagerie médicale avec des algorithmes sophistiqués, les SSDC peuvent non seulement aider à repérer des anomalies indicatrices de la présence d'une tumeur à un stade précoce, mais aussi proposer des plans de suivi adaptés. Les systèmes sont également capables d'évaluer l'efficacité des traitements en cours, en comparant les données du patient avec celles de vastes bases de données anonymisées.

Malgré ces avantages indéniables, l'intégration des SSDC dans la pratique clinique quotidienne pose certains défis. L'interprétation des recommandations proposées par l'IA nécessite une validation de la part des cliniciens, pour s'assurer qu'elles correspondent à l'état clinique et aux besoins individuels du patient. De plus, la qualité des décisions suggérées par l'IA dépend en grande partie des données de formation en amont ; des biais présents dans ces données peuvent entraîner des conclusions erronées. C'est pourquoi une formation continue des professionnels de santé à ces nouveaux outils est cruciale, et un échange constant entre développeurs et utilisateurs finaux est indispensable pour améliorer la fiabilité et l'efficacité des SSDC.

En regardant vers l'avenir, on peut envisager que les SSDC deviendront encore plus sophistiqués avec l'avènement de nouvelles techniques d'IA et l'accès à des sources de données toujours plus diversifiées. Les progrès en matière de personnalisation, par exemple, permettront aux systèmes de fournir des conseils sur mesure, adaptés non seulement aux informations médicales, mais aussi aux préférences et au mode de vie de chaque patient. Par ailleurs, l'évolution vers des systèmes interopérables assurera une communication fluide entre différents systèmes de santé, renforçant ainsi la capacité des SSDC à fournir des recommandations en temps réel dans des environnements variés.

En conclusion, bien que les défis liés à l'intégration des SSDC demeurent, leur potentiel pour transformer le diagnostic médical est immense. Ils représentent une opportunité unique de repenser la prise en charge médicale en la rendant plus précise, personnalisée et préventive, ouvrant ainsi la voie à une nouvelle ère pour la santé numérique.

Imagerie médicale et diagnostic assisté par ordinateur

Dans le domaine de la santé, l'imagerie médicale est une discipline clé qui a considérablement évolué grâce au développement de l'intelligence artificielle. Aujourd'hui, le diagnostic assisté par ordinateur s'appuie sur des technologies d'IA pour transformer la manière dont les radiologues analysent et interprètent les images médicales. Ces technologies utilisent des algorithmes d'apprentissage profond qui sont entraînés à reconnaître des modèles complexes en analysant d'immenses volumes de données d'imagerie. Cela offre aux professionnels de santé un outil puissant pour améliorer la précision et l'efficacité des diagnostics.

L'un des aspects les plus prometteurs de l'IA en

imagerie médicale est sa capacité à détecter des anomalies sur les images avec une précision parfois supérieure à celle de l'œil humain. L'IA peut rapidement identifier des signes subtils de maladies que même un radiologue expérimenté pourrait manquer, notamment dans des cas de fatigue ou d'erreur humaine. Par exemple, dans le dépistage du cancer du sein, les systèmes d'IA peuvent analyser des mammographies pour identifier des micromodifications qui précèdent les symptômes visibles, permettant ainsi un dépistage précoce et une intervention rapide.

En outre, l'IA améliore l'efficacité des processus cliniques en automatisant certaines tâches répétitives et chronophages. Au lieu de passer de longues heures à rassembler et lire l'imagerie, les professionnels de santé peuvent se concentrer davantage sur l'interprétation clinique et la planification des traitements. Cette automatisation est cruciale dans sa capacité à réduire les erreurs et à optimiser le flux de travail des équipes médicales, d'autant plus que la demande pour les services d'imagerie continue d'augmenter à un rythme rapide.

Un autre avantage essentiel des systèmes d'imagerie assistés par l'IA est leur capacité d'apprentissage continu. En étant exposée à un corpus croissant de données de patients, l'IA peut constamment améliorer sa capacité à reconnaître des pathologies nouvelles ou rares. Cela est particulièrement pertinent dans un monde où les mutations et les nouvelles maladies émergent régulièrement. Grâce à l'IA, ces systèmes deviennent plus adaptatifs et personnalisés, offrant une assistance ajustée aux besoins spécifiques de chaque patient.

Cependant, l'intégration de l'IA dans l'imagerie médicale soulève également des questions éthiques et réglementaires. La question de la responsabilité en cas d'erreur de diagnostic persiste, et la transparence des algorithmes est essentielle pour gagner la confiance des professionnels de santé et des patients. L'acceptation de ces technologies doit donc s'accompagner de directives claires sur leur utilisation et la protection de la vie privée des patients.

Malgré ces défis, l'impact potentiel de l'IA sur

l'imagerie médicale est profondément transformateur. Alors que l'IA continue d'évoluer, elle promet de rendre les soins médicaux plus précis, plus rapides et plus accessibles. L'avenir de l'imagerie médicale assistée par l'IA est prometteur, avec des possibilités infinies dans le développement de technologies plus sophistiquées et intégrées. Le dialogue continu entre développeurs, cliniciens et décideurs jouera un rôle crucial pour tirer parti de cette innovation tout en naviguant dans ses complexités. Seul le futur dira jusqu'où les avancées pourront nous mener, mais le chemin tracé par l'IA en imagerie médicale semble déjà avoir démarré une révolution dans le domaine du diagnostic médical.

Diagnostic précoce des maladies

L'introduction de l'intelligence artificielle dans le domaine de la santé a radicalement transformé notre approche du diagnostic médical, en particulier en ce qui concerne le diagnostic précoce des maladies. Ce changement de paradigme repose sur la capacité des algorithmes d'IA à analyser rapidement et précisément des volumes massifs de données médicales, révélant des schémas subtils que l'œil humain pourrait facilement manquer. En matière de diagnostic précoce, cette puissance analytique se traduit par une détection plus rapide et plus précise des maladies, souvent avant même l'apparition des symptômes cliniques traditionnels.

Prenons par exemple le cancer, où le diagnostic précoce peut faire la différence entre un traitement curable et un pronostic défavorable. Les systèmes d'IA, spécialement entraînés avec des milliers d'images de tissus sains et malades, peuvent identifier les premières indications de cellules anormales avec un degré de précision impressionnant. Ces systèmes sont capables de repérer de minuscules anomalies sur des scans que même les radiologues expérimentés peuvent négliger. En intervenant à ce stade initial, les traitements peuvent être administrés plus tôt, améliorant ainsi notablement les taux de survie des patients.

Outre le cancer, d'autres maladies chroniques, comme le diabète, les maladies cardiovasculaires et neurologiques, bénéficient également de l'application de l'IA pour un diagnostic précoce. Dans le cas des maladies cardiovasculaires, par exemple, les algorithmes d'IA peuvent analyser les données extraites des appareils portables et des dossiers médicaux électroniques pour détecter des signes précoces de risque cardiaque. Les anomalies des battements cardiaques, de la pression artérielle ou des niveaux de lipides peuvent être suivies de près et analysées en temps réel, permettant aux professionnels de santé de réagir vite et de manière proactive.

Pour le diabète, les modèles prédictifs alimentés par l'IA peuvent identifier des groupes à haut risque en se basant sur des facteurs multiples tels que la génétique, le mode de vie et les tendances historiques des glycémies. En prédisant ces risques plus tôt, les médecins peuvent recommander des changements de comportement et une surveillance renforcée, souvent avant le seuil clinique du diabète soit atteint. Cela non seulement améliore la qualité de vie des personnes à risque, mais réduit également les coûts associés aux soins à long terme.

Dans le domaine des maladies neurologiques, l'IA montre aussi un potentiel prometteur. Elle est utilisée pour analyser les signaux complexes du cerveau et identifier des déviations précoces associées à des maladies comme l'Alzheimer. Ici, l'IA peut surpasser les méthodes traditionnelles en détectant de légères déclinations en matière de mémoire et de réflexion, souvent ignorées par les tests standards.

Cependant, l'introduction de l'IA dans le diagnostic précoce ne vient pas sans défis. La qualité des données, les biais algorithmiques et la nécessité d'une interprétation humaine significative soulèvent des questions essentielles. La transparence et la validation des processus d'IA sont cruciales pour garantir leur fiabilité dans la pratique clinique quotidienne. Malgré ces obstacles, le potentiel pour transformer la prévention et le traitement des maladies est immense, posant les bases d'un futur où la médecine devient plus prédictive que réactive. En favorisant une santé personnalisée et plus proactive, l'IA pourrait bien redéfinir les frontières de la médecine moderne, offrant un avenir où les maladies graves sont diagnostiquées et traitées bien avant qu'elles n'impactent de manière significative la vie des patients.

Analyse des symptômes et recommandations

L'analyse des symptômes et les recommandations basées sur l'intelligence artificielle représentent une avancée significative dans le domaine du diagnostic médical. L'IA offre une capacité inégalée à traiter et analyser rapidement une quantité massive de données patient, ce qui permet de reconnaître des schémas et d'établir des corrélations que l'œil humain pourrait facilement manquer. Grâce aux algorithmes d'apprentissage automatique, les systèmes d'IA peuvent être entraînés sur d'énormes bases de données contenant des millions de dossiers médicaux, d'études cliniques, et des résultats provenant de divers environnements cliniques. Cela signifie que les technologies d'IA sont capables d'approfondir leur compréhension des symptômes complexes et d'évoluer constamment en assimilant de nouvelles informations.

Lorsqu'un patient entre ses symptômes dans un système d'IA, celui-ci commence par comparer ces données avec son immense répertoire de cas précédents. En utilisant des techniques de traitement du langage naturel, le système décrypte non seulement les mots bruts, mais aussi le contexte et les subtilités du langage médical. Il adapte ensuite cette compréhension en se basant sur des modèles déjà connus afin de proposer un diagnostic potentiel. Si, par exemple, un patient signale des maux de tête intenses associés à une vision floue et des nausées, l'IA explore non seulement les diagnostics évidents, tels que la migraine, mais aussi des conditions moins courantes, tout en pondérant la probabilité de chaque diagnostic.

Au-delà du diagnostic, les systèmes d'IA ont la capacité de formuler des recommandations adaptées aux besoins uniques de chaque patient. Cela inclut la suggestion de tests médicaux supplémentaires qui pourraient affiner le diagnostic, ainsi que des propositions de traitement basées sur des preuves. Pour cela, l'IA intègre des directives cliniques actualisées, la littérature scientifique la plus récente et même les préférences personnelles du patient, si elles sont disponibles. Cette personnalisation des recommandations est l'une des caractéristiques les plus puissantes de l'IA dans le domaine médical, car elle permet une approche plus nuancée et centrée sur le patient.

De plus, l'IA est souvent couplée à des plateformes

de télésanté, où les patients peuvent consulter à distance des professionnels de santé. Cela permet de confronter rapidement les recommandations de l'IA avec l'expérience et l'intuition humaines, renforçant ainsi la validité du diagnostic proposé. Tout au long de ce processus, l'amélioration continue est un pilier central. Chaque interaction avec un patient est une opportunité pour l'IA d'apprendre, d'ajuster ses modèles prédictifs et de se prémunir contre les biais. Le potentiel d'amélioration réside également dans l'intégration de données interdisciplinaires, comme les antécédents familiaux, les habitudes de vie, et même des données génétiques, offrant ainsi une vision encore plus complète du patient.

Cette synergie entre l'intelligence artificielle et l'expertise humaine ne vise pas à remplacer les médecins, mais plutôt à enrichir leur pratique et à se libérer des tâches répétitives. En fin de compte, cela permet aux professionnels de santé de consacrer davantage de temps à l'interaction humaine et au soutien personnalisé, éléments cruciaux d'un soin de qualité. L'essor de cette technologie suscite un optimisme prudent. À mesure que les systèmes deviendront plus sophistiqués, la collaboration entre l'IA et les soignants promet d'améliorer non seulement la précision du diagnostic et l'efficacité du traitement, mais aussi de transformer de manière fondamentale la relation entre patients et soignants, vers une approche plus collaborative et éclairée.

Chapitre 4
IA et recherche
pharmaceutique.

Découverte de médicaments assistée par IA

Dans le paysage en constante évolution de la recherche pharmaceutique, l'intelligence artificielle (IA) joue un rôle transformateur, redéfinissant la manière dont les médicaments sont découverts et développés. Traditionnellement, la découverte de médicaments est un processus long, coûteux et souvent soumis à une succession d'échecs avant qu'un candidat prometteur n'émerge. Cependant, avec l'intégration de l'IA, ce paradigme est en train de changer de manière significative.

L'IA offre des outils puissants qui peuvent analyser des volumes massifs de données biomédicales en un temps record, ce qui était inimaginable il y a encore quelques décennies. Les algorithmes d'apprentissage automatique, et en particulier ceux basés sur le deep learning, sont capables de déchiffrer des modèles au sein de grands ensembles de données génomiques, protéomiques et autres données biologiques. En cartographiant ces modèles, les chercheurs peuvent identifier de nouvelles cibles pharmaceutiques avec une précision accrue, ce qui accélère considérablement les premières étapes du développement de médicaments.

L'une des applications les plus prometteuses de l'IA dans ce domaine est la conception de médicaments. Les algorithmes peuvent prédire l'effet biologique potentiel de milliers de composés chimiques similaires en se basant sur des caractéristiques moléculaires uniques. Ces prédictions permettent de prioriser les candidats les plus prometteurs pour une étude plus approfondie, éliminant ainsi une grande partie du temps et des ressources consacrés aux essais et erreurs traditionnels. De plus, l'IA facilite la simulation de l'interaction entre un médicament potentiel et sa cible biologique, aidant à affiner les composés avant même d'entamer les essais en laboratoire.

La capacité de l'IA à traiter et analyser les études cliniques passées et actuelles est également un atout majeur pour la recherche pharmaceutique. Elle permet d'identifier les causes d'échecs précédents et les conditions dans lesquelles certains médicaments réussissent, fournissant ainsi des informations précieuses pour optimiser les nouveaux essais cliniques. Cela peut conduire à une conception d'essais plus intelligente où le profilage des patients n'est pas seulement basé sur des critères démographiques généraux mais sur des biomarqueurs spécifiques qui maximisent les chances de succès.

Bien que l'intégration de l'IA dans la découverte de médicaments présente d'immenses opportunités, elle n'est pas sans défis. Les scientifiques doivent surmonter des obstacles tels que la variabilité et l'hétérogénéité des données biologiques, qui peuvent parfois mener à des biais dans les modèles d'IA. De plus, la confiance des régulateurs et du public dans les résultats fournis par l'IA est essentielle pour son adoption dans le domaine médical. Cela nécessite des efforts concertés en matière de transparence algorithmique et de validation indépendante des résultats.

En dépit de ces défis, il est indéniable que l'IA transforme déjà de manière fondamentale le processus de découverte de médicaments. En réduisant le temps et les coûts associés au développement de nouveaux traitements, elle ouvre la voie à une ère où les thérapies personnalisées deviennent de plus en plus courantes, améliorant in fine les résultats pour les patients. Avec des investissements continus et un engagement à surmonter les obstacles technologiques, l'IA pourrait devenir le pilier central de l'innovation pharmaceutique pour les décennies à venir.

Essais cliniques et automatisation

Les essais cliniques représentent une phase cruciale dans le développement de nouveaux traitements médicamenteux, souvent longs, coûteux et compliqués. Cependant, l'intelligence artificielle (IA) devient un catalyseur majeur dans l'automatisation et l'amélioration des processus associés à ces essais. L'une des contributions notables de l'IA réside dans l'identification et la sélection des candidats pour les essais cliniques. Traditionnellement, cette étape dépendait largement de critères manuels et de bases de données limitées, ce qui restreignait le recrutement de participants adéquats. À présent, grâce aux algorithmes d'IA capables d'analyser des vastes ensembles de données de patients, même à partir de sources hétérogènes comme les dossiers médicaux électroniques ou les réseaux sociaux de santé, il est possible d'identifier rapidement et avec précision les candidats qui présentent les caractéristiques physiologiques et médicales recherchées.

Une fois les participants identifiés, l'IA contribue également à la conception des essais cliniques eux-mêmes. Les modèles prédictifs avancés permettent de simuler divers scénarios cliniques, aidant ainsi les chercheurs à optimiser la structuration des phases d'un essai, à choisir des dosages efficaces et à prévoir des effets secondaires potentiels. En automatisant ces tâches complexes, l'IA réduit non seulement les coûts et le temps requis pour le développement clinique, mais améliore également la sécurité et l'efficacité des essais. Par ailleurs, l'automatisation va au-delà de la phase préliminaire et continue tout au long de l'étude. Avec l'IA, le suivi en temps réel des données collectées durant les essais devient possible, garantissant une détection proactive des écarts et anomalies qui pourraient nuire à l'intégrité des données. Cette surveillance algorithmiquement améliorée facilite aussi la gestion des essais multicentriques, répartis sur différents sites géographiques, en assurant une cohérence et une standardisation des procédures, tout en minimisant le risque d'erreur humaine.

L'impact de l'IA ne s'arrête pas là. Elle transforme également l'analyse des résultats des essais cliniques. Grâce aux techniques d'apprentissage machine, les données complexes récoltées peuvent être analysées pour découvrir des schémas non évidents, qui échapperaient facilement à l'œil humain. L'intelligence artificielle aide ainsi à identifier non seulement les corrélations attendues mais aussi les effets secondaires rares ou les variables cachées, offrant une compréhension plus enrichie des interactions médicamenteuses. Cette analyse approfondie et rapide favorise une compréhension plus nuancée des résultats des essais, accélérant ainsi le temps de décision pour passer à des phases ultérieures ou pour procéder à une mise sur le marché.

L'automatisation par l'IA fait partie intégrante de la transition vers une médecine personnalisée. En intégrant des variables comme les données génétiques, l'IA permet de stratifier les populations de patients en fonction de leur probabilité de réponse aux traitements, ainsi que de prédire la réponse des sous-groupes particuliers. Cette capacité permet de créer des études cliniques plus ciblées, améliorant leurs résultats tout en réduisant les ressources nécessaires pour obtenir des conclusions statistiquement significatives. En finale, l'intégration de l'intelligence artificielle dans les essais cliniques n'est pas simplement un gain d'efficacité, c'est une transformation qualitative qui porte la promesse d'une pharmacie plus rapide, plus sûre et plus abordable, tout en apportant des thérapies novatrices et adaptées aux patients du monde entier.

Personnalisation des traitements

La personnalisation des traitements médicaux grâce à l'intelligence artificielle représente une révolution sans précédent dans le domaine de la santé. Traditionnellement, les traitements médicaux étaient prescrits selon une approche généraliste, sans prendre en compte les particularités biogénétiques de chaque individu. Cette méthode, bien qu'efficace dans de nombreux cas, présente des limites évidentes. Grâce aux avancées de l'intelligence artificielle, nous assistons à un changement radical où les traitements peuvent être adaptés aux caractéristiques uniques de chaque patient, maximisant ainsi leur efficacité tout en réduisant les effets secondaires potentiels.

L'intelligence artificielle permet d'analyser des quantités massives de données médicales provenant de différentes sources telles que les dossiers médicaux électroniques, les tests génétiques et les historiques de traitement. Les algorithmes d'apprentissage automatique peuvent identifier des motifs complexes et découvrir des corrélations invisibles à l'œil humain. Par exemple, l'analyse des données génétiques d'un patient peut révéler comment il pourrait réagir à un médicament particulier, permettant aux médecins de choisir le traitement le plus approprié et d'ajuster les dosages en conséquence.

De plus, l'IA facilite le développement de traitements sur mesure en utilisant des technologies comme la modélisation moléculaire et la simulation de réponses physiologiques. Ces avancées permettent aux chercheurs de concevoir des médicaments qui ciblent spécifiquement les mutations génétiques ou les biomarqueurs présents chez un patient. Cela est particulièrement pertinent dans le traitement des maladies complexes comme le cancer, où les tumeurs peuvent varier considérablement d'un patient à l'autre. Grâce à l'IA, il devient possible d'adapter les thérapies pour qu'elles soient non seulement plus efficaces mais aussi mieux tolérées par le patient.

L'intelligence artificielle ne se limite pas seulement à la création de nouveaux traitements. Elle joue également un rôle crucial dans le suivi et l'optimisation de ceux-ci une fois administrés. Les applications basées sur l'IA peuvent surveiller les signes vitaux et les biomarqueurs en temps réel, permettant aux professionnels de santé d'ajuster rapidement leur approche si nécessaire. Par exemple, un patient diabétique peut utiliser un capteur de glucose en continu associé à une application d'intelligence artificielle pour gérer ses niveaux de sucre, ce qui permet un contrôle plus précis de sa condition et réduit les risques de complications.

Malgré ces avancées prometteuses, la personnalisation des traitements à l'aide de l'IA pose également des défis significatifs, notamment en termes de confidentialité des données et d'équité d'accès. Les données médicales étant extrêmement sensibles, leur protection est primordiale pour éviter toute violation de la vie privée. Par ailleurs, il est essentiel de garantir que les innovations basées sur l'intelligence artificielle soient accessibles à tous, indépendamment de leur situation géographique ou socio-économique, afin de ne pas creuser davantage les inégalités en matière de santé.

En conclusion, la personnalisation des traitements grâce à l'intelligence artificielle transforme profondément le paysage médical, promettant non seulement de meilleures issues thérapeutiques, mais aussi une approche plus humaine et centrée sur le patient. Bien que des défis subsistent, les possibilités offertes par ces technologies ouvrent la voie à une médecine plus précise et efficace, réalisable dans un avenir relativement proche.

Optimisation des processus de recherche

Dans le domaine dynamique de la recherche pharmaceutique, l'intelligence artificielle (IA) émerge comme un outil fondamental pour réinventer les processus traditionnels et accélérer le développement de nouveaux traitements. L'optimisation des processus de recherche, grâce à l'intégration de l'IA, repose principalement sur la capacité à analyser de vastes ensembles de données avec une rapidité et une précision inégalées par les approches conventionnelles. Cette transformation commence dès l'identification des composés potentiels. Les modèles d'apprentissage automatique, tels que les réseaux de neurones, peuvent cribler des millions de molécules en un temps record, en prédisant leur capacité à interagir avec des cibles biologiques spécifiques. Ce processus, extrêmement chronophage lorsqu'il est effectué manuellement, est ainsi accéléré, réduisant considérablement le temps et les coûts associés aux premières étapes du développement de médicaments.

L'IA joue également un rôle crucial dans la modélisation des interactions médicamenteuses et les simulations de réaction de l'organisme aux nouveaux composés. En exploitant de puissants algorithmes pour simuler des interactions moléculaires sur des systèmes biologiques complexes, les chercheurs peuvent prédire plus précisément l'efficacité et la sécurité des candidats médicaments avant même de passer aux essais cliniques. Cela permet d'éliminer un nombre significatif de composés inefficaces ou dangereux à un stade précoce, réduisant les ressources et le temps investis dans des pistes sans avenir. En outre, l'analyse prédictive alimentée par l'IA peut aider à concevoir des études cliniques plus efficaces en identifiant les groupes de patients les plus susceptibles de bénéficier d'un nouveau traitement, ainsi qu'en anticipant des effets secondaires potentiels basés sur des caractéristiques biomédicales.

Une autre dimension clé de l'optimisation des processus de recherche par l'IA concerne la gestion des données. Le secteur pharmaceutique produit d'énormes volumes de données, y compris des résultats de recherche, des dossiers d'essais cliniques et des études post-commercialisation. Les systèmes d'IA sont capables de structurer et d'analyser ces données de manière à générer des informations exploitables, révélant des tendances et des connexions qui échappent souvent à l'œil humain. Cette capacité à extraire des connaissances à partir de données hétérogènes et non structurées transforme chaque étape du processus, de la découverte initiale de médicaments au long suivi de leur performance clinique.

De plus, l'IA facilite la collaboration interdisciplinaire

et internationale, en simplifiant le partage et l'analyse de données complexes entre différentes équipes de recherche. Grâce à des plateformes basées sur le cloud alimentées par l'IA, les chercheurs du monde entier peuvent travailler ensemble de manière plus étroite et plus productive, ce qui accélère la découverte et le développement de nouveaux traitements. Ainsi, l'IA ne se contente pas d'améliorer l'efficacité des processus internes; elle favorise également une innovation plus rapide grâce à une synergie accrue parmi les divers acteurs de la recherche pharmaceutique mondiale.

En fin de compte, en intégrant l'IA à chaque niveau de la recherche pharmaceutique, de la découverte de médicaments à l'optimisation des essais cliniques, l'industrie se dote d'outils puissants pour relever les défis mondiaux en matière de santé. Cette approche favorise non seulement la mise sur le marché de nouveaux médicaments plus rapidement et à moindre coût, mais elle ouvre également la voie à des traitements plus personnalisés et adaptés aux besoins individuels des patients. Dans un avenir où l'IA continuera de se développer, la promesse d'une médecine plus précise, plus sûre et plus efficace semble à portée de main, transformant profondément la manière dont nous abordons la santé et la maladie.

Chapitre 5
IA dans la gestion des données patient.

Dossiers médicaux électroniques

Les dossiers médicaux électroniques (DME) constituent l'un des aspects les plus transformateurs de l'intégration de l'intelligence artificielle dans le domaine de la santé. Ils sont le point névralgique où convergent les innovations technologiques et les besoins cliniques, offrant une plateforme numérique capable de recueillir, gérer et analyser une quantité massive de données patient. Cette transition vers le numérique a marqué le début d'une nouvelle ère pour les professionnels de santé, transformant la manière dont les soins sont planifiés et dispensés. En effet, les DME sont bien plus que de simples versions numériques des dossiers médicaux papier traditionnels. Ils intègrent des informations détaillées allant des antécédents médicaux aux résultats de laboratoire, en passant par les images médicales et les prescriptions de médicaments. Cette structure complexe et interconnectée permet une vision globale et en temps réel de la santé d'un patient, ajoutant ainsi une valeur considérable à la prise de décision clinique.

L'intelligence artificielle joue un rôle crucial dans

l'efficacité des DME. Les algorithmes d'apprentissage automatique peuvent analyser ces données en profondeur, détectant des motifs et des corrélations qui pourraient échapper à l'œil humain. Par exemple, les systèmes d'IA peuvent alerter les médecins sur des interactions médicamenteuses potentiellement dangereuses ou sur des tendances émergentes dans les mesures vitales d'un patient. De plus, la capacité prédictive des algorithmes peut être employée pour anticiper les complications ou les crises de santé, permettant ainsi une intervention plus précoce et ciblée. L'intégration de l'IA aux DME ne se limite pas à l'analyse et à la prédiction; elle améliore également la fonctionnalité et l'accessibilité des données. Des outils de traitement du langage naturel permettent de transformer des notes médicales non structurées en données exploitables, facilitant l'extraction rapide d'informations pertinentes.

La sécurité et la confidentialité des données sont des préoccupations primordiales dans le domaine des DME. L'IA peut renforcer les systèmes de sécurité grâce à des techniques avancées de détection des anomalies qui identifient et répondent aux menaces potentielles en temps réel.

Cependant, il est crucial de mettre en place des mesures adéquates pour garantir que ces technologies n'intrusent pas indûment dans la vie privée des patients. L'utilisation de l'IA dans ce domaine doit être guidée par des normes éthiques strictes et une réglementation rigoureuse pour maintenir la confiance des patients et des professionnels de la santé. L'amélioration continue des DME grâce à l'intelligence artificielle implique aussi une collaboration pluridisciplinaire. Les développeurs, cliniciens, et chercheurs doivent travailler ensemble pour affiner les algorithmes et s'assurer qu'ils répondent aux besoins réels des pratiques médicales. Cette collaboration est essentielle pour naviguer à travers les complexités des environnements cliniques et maximiser le potentiel des DME dans l'amélioration des soins de santé.

En somme, les dossiers médicaux électroniques, enrichis et dynamisés par les capacités de l'intelligence artificielle, représentent une avancée significative vers une médecine plus précise, personnalisée et proactive. Ils promettent de redéfinir la relation entre les patients, les données et les soins de santé, ouvrant la voie à un système de santé plus intégré et réactif. À mesure que nous avançons vers l'avenir, il devient de plus en plus évident que les DME, combinés à l'IA, ne sont pas seulement un outil technologique, mais un catalyseur de changement dans le paradigme de la santé moderne.

Sécurisation des données patient

Dans le contexte de l'application de l'intelligence artificielle dans le domaine de la santé, la sécurisation des données des patients est un enjeu primordial qui appelle à un examen minutieux. À l'ère du numérique, où les informations médicales sont de plus en plus numérisées et accessibles en ligne, la protection de la vie privée et la sécurisation des données sensibles deviennent essentielles. Les systèmes de santé doivent garantir que les vastes quantités de données collectées sont protégées contre toute intrusion ou abus potentiel, tout en assurant leur disponibilité pour les professionnels de santé en temps opportun et dans un format exploitable pour l'intelligence artificielle.

La numérisation des dossiers médicaux et l'avènement de l'intelligence artificielle ont transformé la manière dont les données des patients sont gérées. Les algorithmes d'IA nécessitent un accès à de grandes quantités de données pour apprendre et faire des prédictions précises, ce qui implique un besoin accru de politiques robustes en matière de sécurité et de confidentialité. Ces politiques doivent équilibrer l'accès nécessaire aux données pour l'amélioration des soins de santé et la protection des droits des patients. Cela inclut l'utilisation de technologies avancées telles que le cryptage, pour sécuriser les transferts de données, et les techniques de pseudonymisation ou d'anonymisation pour garantir que les données des patients ne révèlent pas leur identité réelle lorsqu'elles sont utilisées à des fins de recherche ou d'analyse.

Un autre aspect essentiel de la sécurisation des données réside dans la gestion des accès. Il est crucial de mettre en place des protocoles d'authentification stricts qui limitent l'accès aux données aux seuls utilisateurs autorisés. Cela peut inclure l'authentification multi-facteurs, qui ajoute une couche supplémentaire de sécurité en demandant aux utilisateurs de fournir plusieurs formes d'identification avant d'accéder à des informations sensibles. En outre, la surveillance continue et l'audit des accès aux données permettent de détecter et d'atténuer rapidement toute tentative d'accès non autorisé ou d'utilisation inappropriée.

L'IA elle-même peut jouer un rôle dans la sécurisation des données. Les outils de détection d'anomalies basés sur l'IA peuvent identifier des comportements inhabituels qui pourraient signaler une violation de la sécurité ou un accès non autorisé. Les systèmes sont ainsi capables de répondre de manière préventive ou en temps réel aux menaces potentielles. De plus, l'utilisation d'IA dans la création de systèmes de chiffrement plus robustes et dynamiques est une avenue prometteuse pour renforcer encore la sécurité des données.

Toutefois, la technologie seule ne peut suffire. La sensibilisation à la sécurité et la formation des personnels de santé sont indispensables pour garantir la protection des données des patients. Les utilisateurs doivent être régulièrement informés des meilleures pratiques en matière de sécurité et de confidentialité et des réglementations en vigueur, telles que le Règlement Général sur la Protection des Données (RGPD) dans l'Union Européenne, qui encadre strictement le traitement des données personnelles.

En résumé, la sécurisation des données des patients à l'ère de l'intelligence artificielle nécessite une approche holistique qui combine des technologies avancées, des stratégies de gestion des accès rigoureuses, et une sensibilisation continue des utilisateurs. Assurer cette protection est indispensable non seulement pour préserver la confiance des patients mais aussi pour soutenir l'innovation continue dans le domaine de la santé intelligente, où la protection des données personnelles est aussi centrale que leur utilisation innovante.

Analyse prédictive et prévention

L'analyse prédictive et la prévention représentent des avancées révolutionnaires dans l'application de l'intelligence artificielle au domaine de la santé. Grâce à l'exploration des données massives, les systèmes d'IA peuvent identifier des schémas et des tendances invisibles à l'œil humain. Ces modèles permettent d'anticiper des issues médicales bien avant que des symptômes ne se manifestent physiquement. En intégrant l'analyse prédictive dans les soins de santé, les professionnels peuvent non seulement administrer des traitements plus personnalisés mais aussi concevoir des stratégies de prévention ciblées.

Imaginez un système capable de prendre en compte les antécédents médicaux d'un patient, ses habitudes de vie, son environnement et même ses données génomiques pour estimer les risques futurs. Les plateformes d'IA peuvent synthétiser ces éléments pour produire des évaluations de risque hautement précises. Par exemple, en analysant les enregistrements médicaux électroniques, l'IA peut prédire avec une grande précision la probabilité de développer des maladies chroniques comme le diabète ou des troubles cardiaques. En anticipant ces risques, les médecins ont la possibilité d'engager des conversations préventives significatives avec leurs patients, proposant des changements de style de vie ou des interventions médicamenteuses avant qu'une condition ne devienne critique.

Une autre dimension essentielle de l'analyse prédictive dans la santé est sa capacité à optimiser les plans de traitement. Pour des affections complexes comme le cancer, où le timing et la sélection du traitement sont cruciaux, les systèmes d'IA peuvent suggérer des protocoles personnalisés basés sur l'expérience collective des traitements passés et des résultats associés. Les algorithmes de machine learning analysent des milliers de cas similaires, évaluant ce qui a fonctionné ou échoué, pour prodiguer des recommandations qui augmentent considérablement les chances de succès thérapeutique. Cette approche préventive des soins de santé peut également alléger le fardeau sur les systèmes médicaux en diminuant le nombre d'hospitalisations et la nécessité d'interventions coûteuses.

En outre, la prévention alimentée par l'IA transforme les campagnes de santé publique. Les modèles prédictifs peuvent cartographier l'évolution des épidémies en temps réel, fournissant aux autorités sanitaires les informations nécessaires pour déployer rapidement des initiatives de prévention, comme des campagnes de vaccination ou d'éducation à la santé, là où elles sont le plus critiques. En se basant sur des données historiques et actuelles, les outils d'IA identifient les populations le plus à risque et aident à élaborer des stratégies d'intervention spécifiques et efficaces.

Cependant, l'implémentation de l'analyse prédictive soulève des questions éthiques et logistiques majeures. La collecte et l'utilisation de données personnelles nécessitent un cadre de protection robuste pour garantir que la vie privée des patients est préservée. En outre, la dépendance aux modèles prédictifs ne doit pas réduire la relation patient-médecin à une simple transaction algorithmique, mais plutôt enrichir cette interaction par des prédictions éclairées et une attention personnalisée. Au fur et à mesure que les technologies continuent de progresser, l'équilibre entre exploitations des données et respect des préférences individuelles demeurera un enjeu capital.

Le potentiel de l'analyse prédictive et de la prévention dans le domaine de la santé est immense. Alors que les outils d'intelligence artificielle deviennent plus sophistiqués, leur capacité à anticiper et à atténuer les maladies pourrait transformer non seulement les parcours individuels de soins mais aussi la manière dont nos sociétés perçoivent et gèrent la santé publique, dirigeant une transition vers une médecine véritablement proactive et préventive.

Interface entre patients et médecins

Dans le contexte du domaine médical, l'interface entre patients et médecins est en pleine transformation grâce à l'intégration de l'intelligence artificielle. Traditionnellement, cette interaction reposait essentiellement sur des consultations en face à face dans le cabinet du médecin. Toutefois, avec l'essor des technologies numériques, cette relation est en train de s'externaliser et de se digitaliser. L'IA joue un rôle clé dans cette évolution, car elle permet de créer des systèmes capables de comprendre et d'analyser une grande quantité de données issues de ces interactions, tout en améliorant la qualité des soins prodigués aux patients.

Aujourd'hui, les chatbots médicaux dotés d'intelligence artificielle sont couramment utilisés pour fournir une assistance immédiate aux patients. Ces agents conversationnels peuvent répondre à des questions médicales simples, orienter les patients vers des ressources appropriées, et même fixer des rendez-vous avec des professionnels de la santé. Grâce à l'apprentissage automatique, ils s'améliorent continuellement, offrant une interaction de plus en plus personnalisée. Ces chatbots ne remplacent pas les médecins, mais ils constituent une première ligne de contact et d'information, permettant aux praticiens de consacrer plus de temps à des cas qui nécessitent une attention immédiate et directe.

Un autre axe d'innovation réside dans le suivi à distance des patients. Les dispositifs portables et les applications mobiles équipés de technologies IA permettent un suivi continu de divers indicateurs de santé tels que la fréquence cardiaque, le niveau de glucose et même les signes vitaux plus complexes. Ces données sont traitées par des algorithmes d'IA qui peuvent identifier des tendances ou des anomalies susceptibles de nécessiter une attention médicale. Le bénéfice pour les patients est double : d'une part, ils gagnent en autonomie et disposent d'informations en temps réel sur leur état de santé ; d'autre part, ils peuvent recevoir des alertes automatisées en cas de dépassement des limites de sécurité, assurant ainsi un suivi médical proactif.

Pour les médecins, l'interface renforcée par l'IA représente une opportunité d'améliorer les diagnostics et de personnaliser les traitements. Les systèmes d'intelligence artificielle peuvent analyser rapidement des quantités massives de données médicales, allant des dossiers médicaux électroniques aux résultats d'imagerie, pour fournir des recommandations basées sur des algorithmes qui dépassent parfois les capacités humaines. Cette analyse avancée permet de déceler rapidement des corrélations complexes entre symptômes et diagnostics, facilitant ainsi une prise de décision plus éclairée.

Cependant, l'implémentation de l'IA dans l'interface patient-médecin soulève également des questions éthiques et pratiques. La confidentialité des données est une préoccupation majeure, et les systèmes doivent être conçus pour respecter les normes de protection des informations personnelles. Il est également crucial que les médecins conservent un rôle central et que la technologie soit perçue comme un outil d'accompagnement plutôt qu'un substitut à l'expertise humaine. La formation continue des professionnels de santé à l'utilisation des technologies d'IA est essentielle pour garantir une intégration harmonieuse.

En résumé, l'interface entre patients et médecins connaît une expansion sans précédent grâce à l'intelligence artificielle, qui favorise un contact plus personnalisé, plus rapide et souvent plus efficace. Toutefois, cette avancée doit être accompagnée de précautions appropriées pour assurer un bénéfice équitable et respectueux pour tous les intervenants concernés.

Chapitre 6
Robotique et IA dans
les soins de santé.

Robots d'assistance aux patients

Dans le cadre de l'évolution technologique contemporaine, les robots d'assistance aux patients incarnent une avancée majeure qui redéfinit les soins de santé. Ces robots sont en train de changer la façon dont les soins sont dispensés, offrant une combinaison unique de précision mécanique et d'intelligence artificielle. Ils jouent un rôle crucial dans l'accompagnement des patients, améliorant l'efficacité des soins et la qualité de vie des individus nécessitant un soutien continu. Leur application dans les hôpitaux et les domiciles des patients devient de plus en plus courante, issues d'innovations qui répondent à une variété de besoins allant du transport de médicaments et d'équipements à l'assistance physique des patients.

Une des fonctions principales de ces robots est d'assister les soignants en prenant en charge des tâches répétitives et physiquement exigeantes. Par exemple, dans un hôpital, un robot peut être chargé de distribuer des médicaments, de transporter des échantillons de laboratoire ou de livrer des repas aux patients, réduisant ainsi la charge de travail du personnel infirmier et leur permettant de se concentrer davantage sur les soins directs aux patients. Cette automatisation non seulement augmente l'efficacité, mais diminue également le risque d'erreurs humaines, augmentant ainsi la sécurité globale des soins hospitaliers. Les robots peuvent naviguer de manière autonome dans des environnements complexes grâce à la vision par ordinateur et aux capteurs, s'assurant qu'ils accomplissent leurs tâches sans collisions ou interruptions.

Au-delà de l'efficacité opérationnelle, les robots d'assistance ont également un impact significatif sur l'autonomie des patients, en particulier pour ceux souffrant de maladies chroniques ou de handicaps physiques. Ces machines peuvent aider les patients à se déplacer dans leur domicile, les aidant à sortir du lit, à s'asseoir, ou même à se déplacer dans une pièce, réduisant ainsi leur dépendance vis-à-vis des aidants humains. Grâce à l'intelligence artificielle, ces robots peuvent être programmés pour apprendre et s'adapter aux besoins spécifiques de chaque patient, assurant ainsi une personnalisation des soins. De nombreuses initiatives visent également à intégrer des interfaces vocales et des commandes gestuelles, facilitant une interaction plus naturelle entre le patient et la machine.

Les robots d'assistance jouent aussi un rôle social et émotionnel important, particulièrement dans les soins gériatriques. Pour les personnes âgées, qui peuvent souffrir de solitude, les robots sociaux offrent une compagnie et une stimulation cognitive, pouvant même aider à gérer les symptômes liés à la démence. Ces robots disposent souvent de capacités de reconnaissance faciale et émotionnelle, permettant d'ajuster leur comportement et leur niveau d'engagement en fonction des réactions du patient. Ils peuvent participer à des dialogues simples, raconter des histoires, jouer de la musique et même rappeler aux patients de prendre leurs médicaments ou de réaliser certains exercices.

Cependant, comme pour toute avancée technologique, l'intégration des robots d'assistance dans les soins aux patients suscite des questions éthiques et des préoccupations. La confidentialité des données est une préoccupation majeure, car ces robots collectent des informations sensibles sur la santé et la vie quotidienne des patients. Il est crucial de garantir que ces données sont sécurisées et que leur utilisation est conforme aux réglementations sur la protection de la vie privée. De plus, il existe un débat sur la place que ces technologies devraient occuper dans des soins traditionnels, car la relation humaine entre soignant et patient reste un aspect fondamental des soins de santé.

En conclusion, les robots d'assistance aux patients représentent un pas significatif vers l'avenir des soins de santé, offrant des solutions pratiques aux défis actuels tout en promettant d'améliorer la qualité de vie des patients. Toutefois, leur adoption doit être menée avec précaution, en veillant à équilibrer innovation technologique et valeurs humaines essentielles.

Chirurgie assistée par robot

La chirurgie assistée par robot représente une avancée considérable dans le domaine de la médecine, fusionnant les prouesses de la robotique avec l'ingéniosité de l'intelligence artificielle pour offrir des solutions médicales d'une précision et d'une sophistication sans précédent. Imaginez une salle d'opération où la dextérité et la régularité d'un robot s'allient à l'expertise d'un chirurgien qualifié. Ce mariage technologique vise à réduire les marges d'erreur, optimiser les interventions et maximiser les résultats post-opératoires pour les patients. L'intelligence artificielle joue un rôle crucial en analysant et synthétisant d'énormes quantités de données, allant des meilleures pratiques chirurgicales aux nouvelles découvertes médicales, et en les intégrant systématiquement dans le processus opératoire. Cette collaboration permettra de développer des assistants chirurgicaux robotiques capables de soutenir, voire d'anticiper, les besoins du chirurgien.

Les robots chirurgicaux offrent une précision microchirurgicale qui est difficilement égalable par la main humaine seule. Grâce à des bras mécaniques finement contrôlés et à des instruments miniaturisés, les chirurgiens peuvent effectuer des incisions plus petites, limitant ainsi les dommages collatéraux aux tissus environnants. Le résultat : une diminution significative des temps de récupération, un risque d'infection réduit et des cicatrices minimisées pour les patients. En outre, les systèmes de vision 3D haute définition, intégrés à ces robots, offrent une visualisation en profondeur des structures anatomiques, améliorant ainsi la capacité du chirurgien à discerner des détails impossibles à détecter à l'œil nu. Ces capacités sont souvent combinées avec des systèmes de restitution haptique qui permettent de ressentir, à travers des commandes, la résistance des tissus, rendant l'interaction encore plus intuitive et fidèle aux interactions humaines.

Le rôle de l'intelligence artificielle ne s'arrête pas là. Grâce à l'analyse en temps réel des données du patient, les systèmes dotés d'IA peuvent alerter le chirurgien en cas de changement physiologique subtil qui pourrait passer inaperçu, permettant ainsi des ajustements intraopératoires immédiats. De plus, la capacité des machines à apprendre des milliers de cas chirurgicaux passés crée un modèle dynamique qui évolue et s'améliore au fil du temps, fournissant des recommandations optimisées basées sur une large base de connaissances. Néanmoins, il est crucial de noter que l'intelligence artificielle ne remplace pas le jugement et l'empathie du médecin. Au contraire, elle sert d'outil puissant pour magnifier l'habileté humaine et transformer ce qui était auparavant considéré comme des limites cliniques.

La mise en œuvre de la chirurgie assistée par robot n'est pas sans défis. Elle nécessite un investissement initial important, non seulement en termes de technologie, mais également pour le perfectionnement de l'équipe médicale dans l'utilisation de ces systèmes. En outre, les questions éthiques autour de l'autonomie des robots et la responsabilité en cas de défaillance doivent être abordées avec soin. Cependant, ces obstacles sont surmontables avec une recherche continue et une réglementation appropriée. Regarder vers l'avenir, c'est envisager un monde où la chirurgie à distance, rendue possible grâce à la télémédecine avancée, devient la norme grâce aux progrès constants des technologies robotiques et de l'IA. Dans cette vision pérenne, la chirurgie assistée par robot ne sera plus une spécificité, mais une composante intégrale des soins de santé modernes, axée sur le bien-être accru des patients et la réduction des disparités mondiales en matière de soins chirurgicaux.

Suivi à distance et télémédecine

La révolution numérique dans le domaine de la santé a donné naissance à des avancées significatives, parmi lesquelles le suivi à distance et la télémédecine occupent une place centrale. Ces innovations ont été largement stimulées par l'intelligence artificielle et la robotique qui ont permis non seulement d'améliorer la qualité des soins, mais aussi de réduire les disparités géographiques en matière d'accès aux services de santé. Le suivi à distance, associé à la télémédecine, a transformé la manière dont les patients interagissent avec les professionnels, rendant les soins plus accessibles, personnalisés et efficaces.

Les technologies de suivi à distance reposent sur un réseau d'appareils connectés qui permettent de surveiller en temps réel l'état de santé des patients sans avoir besoin de déplacements constants vers les établissements médicaux. Ces dispositifs incluent des capteurs portables, tels que des montres intelligentes et des moniteurs de santé intégrés, qui mesurent des paramètres vitaux comme la fréquence cardiaque, la température corporelle, la saturation en oxygène et même les niveaux de glucose. Les données recueillies sont ensuite transmises à des plateformes numériques où l'intelligence artificielle joue un rôle crucial en analysant ces informations. Les algorithmes de machine learning peuvent détecter les anomalies, prédire les exacerbations éventuelles de maladies chroniques, et alerter à la fois le patient et le personnel médical en cas de besoin.

En parallèle, la télémédecine a vu sa popularité croître, facilitée par l'expansion de l'infrastructure Internet et la pénétration des smartphones. Elle permet la consultation médicale et le diagnostic à distance grâce à des plateformes sécurisées de visioconférence et de messagerie. Ces services offrent une alternative viable aux consultations traditionnelles, surtout pour les individus vivant dans des zones rurales ou reculées où l'accès aux soins peut être limité. La télémédecine offre également un soulagement aux systèmes de santé souvent saturés, en réduisant les temps d'attente et en évitant la surcharge des urgences pour des problèmes mineurs.

L'intégration de la robotique a encore étendu les capacités du suivi à distance et de la télémédecine. Des robots de téléprésence permettent aux médecins de se "déplacer" dans des salles d'hôpital ou même de consulter les patients chez eux, en temps réel, via des interfaces robotiques qui simulent une présence physique. Ces robots sont équipés de caméras, de microphones et parfois de bras articulés qui permettent aux praticiens d'interagir directement avec l'environnement du patient. Cette capacité à mener des consultations à distance tout en maintenant une sensation de proximité et d'empathie est un atout majeur dans le cadre des soins de santé modernes.

L'IA et la robotique, en conjonction avec le suivi à distance et la télémédecine, offrent aussi la possibilité de personnaliser davantage les soins, en tenant compte des préférences, des besoins et des contextes individuels de chaque patient. Les traitements peuvent être adaptés plus précisément grâce à l'analyse des données en continu, augmentant ainsi leur efficacité et minimisant les effets secondaires potentiels. Ces technologies favorisent également une plus grande autonomie des patients dans la gestion de leur santé, renforçant leur engagement et leur responsabilité personnelle.

En somme, le suivi à distance et la télémédecine, catalysés par l'intelligence artificielle et la robotique, jouent un rôle clé dans l'évolution contemporaine des soins de santé. Ils offrent un modèle de service plus inclusif, réactif et centré sur le patient, posant ainsi les fondations d'un avenir où l'accessibilité et la qualité des soins ne seront plus limitées par la géographie ou les ressources locales.

Optimisation des soins de réhabilitation

L'optimisation des soins de réhabilitation constitue un domaine prometteur où l'intelligence artificielle et la robotique ont commencé à faire une différence significative. L'intégration de ces technologies dans le processus de réhabilitation vise à améliorer l'efficacité des traitements et à personnaliser les soins pour mieux répondre aux besoins individuels des patients. Grâce à l'usage de l'IA, il est désormais possible de concevoir des programmes de réhabilitation sur mesure, basés sur l'analyse de vastes quantités de données médicales collectées par différents capteurs et dispositifs portables. Ces données comprennent des informations sur la mobilité, les fonctions motrices, et même les émotions des patients, permettant ainsi aux professionnels de santé d'adapter en temps réel les protocoles de traitement en fonction des progrès et des réactions spécifiques de chacun.

Les robots de réhabilitation, équipés d'algorithmes d'apprentissage machine, peuvent guider et assister les mouvements des patients, aidant ainsi à restaurer progressivement les capacités physiques perdues après une opération ou un accident. Ces robots peuvent non seulement ajuster la résistance selon les besoins du patient mais aussi apprendre des sessions précédentes, contribuant à créer un parcours de réhabilitation plus fluide et efficace. L'utilisation de ces compagnons mécaniques vise à réduire fortement le risque de blessures et de complications, tout en accroissant l'endurance et la force du patient à son propre rythme.

Les sessions de réhabilitation deviennent également plus engageantes grâce à des interfaces intuitives et des retours en temps réel, favorisant la motivation et l'implication des patients. La gamification des exercices, par exemple, permet de rendre le processus de réhabilitation moins monotone et plus interactif. L'IA, en analysant les performances et comportements du patient, est capable de suggérer des ajustements pour maintenir l'intérêt et encourager la régularité des séances. Cela est particulièrement pertinent pour les patients âgés ou ceux souffrant de troubles cognitifs, pour qui l'engagement est un facteur clé dans le succès de la réhabilitation.

Par ailleurs, l'IA permet une meilleure communication entre le patient, le thérapeute et les différents professionnels de santé impliqués dans le processus. Les plateformes de télé-réhabilitation, propulsées par l'apprentissage automatique, fournissent un suivi continu et peuvent alerter le personnel médical en cas de difficultés ou de situations anormales. Ce degré de supervision à distance garantit non seulement la sécurité du patient mais favorise aussi une réactivité immédiate face à toute variation dans l'état de santé du patient. Les analyses prédictives, quant à elles, rendent possible l'anticipation des complications potentielles, permettant ainsi d'adapter les traitements avant même l'apparition de problèmes.

Enfin, il est essentiel de souligner l'impact psychologique positif que peut avoir la personnalisation des soins rendue possible par l'IA. Chaque patient est unique, et la réhabilitation est souvent un processus ardu et émotionnellement exigeant. Le fait de savoir que les technologies employées prennent en compte leurs particularités individuelles apporte un sentiment de sécurité et de confiance qui contribue de manière non négligeable à la guérison. L'intelligence artificielle, en replaçant l'humain au cœur du processus de réhabilitation, promet donc non seulement une transformation des soins mais aussi une amélioration de la qualité de vie pour de nombreux patients.

Chapitre 7
IA et santé mentale.

Systèmes de soutien psychologique

Les systèmes de soutien psychologique alimentés par l'intelligence artificielle représentent une révolution dans le domaine de la santé mentale. Ces systèmes promettent d'élargir l'accès à des services essentiels, d'améliorer le suivi des patients et de personnaliser les interventions thérapeutiques. Traditionnellement, l'accès à des soins psychologiques de qualité est limité par des contraintes géographiques, financières et temporelles. Les technologies basées sur l'IA permettent de surmonter certains de ces obstacles en offrant des solutions abordables et accessibles à toute heure, dépassant ainsi les limitations des consultations en face à face. Les chatbots et les applications mobiles utilisant l'IA peuvent écouter les utilisateurs, analyser leurs états émotionnels et fournir des conseils immédiats. Ils sont capables de reconnaître des schémas de discours qui indiquent un stress ou une anxiété accrus, suggérant ainsi des exercices de respiration ou de pleine conscience en réponse. Bien qu'ils ne remplacent pas un thérapeute humain, ces systèmes peuvent servir de première ligne de soutien, gardant les utilisateurs engagés et orientés vers des ressources supplémentaires si nécessaire.

En outre, l'IA joue un rôle crucial dans le suivi à long terme des symptômes psychologiques. Grâce à la collecte continue de données via des capteurs portables ou des journaux de bord numériques, les algorithmes peuvent identifier des fluctuations subtiles dans la santé mentale d'un individu. Ces données analytiques permettent de proposer des interventions personnalisées, adaptant les stratégies thérapeutiques aux besoins changeants du patient. L'analyse prédictive, une capacité unique des systèmes basés sur l'IA, devient un outil puissant pour anticiper les épisodes de dépression ou d'anxiété avant même qu'ils ne deviennent sévères. Les professionnels de santé peuvent ainsi ajuster les plans de traitement de manière proactive, augmentant l'efficacité des interventions.

Les systèmes de soutien psychologique basés sur l'IA encouragent également une forme de communication entre pairs, favorisant des communautés de soutien en ligne où les individus peuvent partager leurs expériences dans un environnement modéré par l'intelligence artificielle. Cela crée une dynamique dans laquelle les utilisateurs trouvent un réconfort en s'exprimant tout en recevant des encouragements à travers des interventions assistées par l'IA. Cela contribue à réduire la stigmatisation souvent associée aux problèmes de santé mentale, incitant davantage de personnes à rechercher de l'aide.

Cependant, pour réaliser pleinement le potentiel de ces systèmes, il est essentiel d'aborder les préoccupations liées à la confidentialité et à la sécurité des données. La santé mentale étant un domaine extrêmement personnel, il est crucial d'assurer la protection des informations sensibles des utilisateurs. Une gestion éthique et transparente des données, associée à la conformité aux régulations en matière de confidentialité, est imperative pour gagner la confiance des utilisateurs et encourager l'adoption de ces technologies.

En fin de compte, les systèmes de soutien psychologique alimentés par l'IA offrent une transformation significative de la façon dont les services de santé mentale sont délivrés. Ils représentent un pont vers un monde où chaque personne, indépendamment de sa situation géographique ou économique, peut avoir accès à un soutien psychologique adéquat. Ces technologies continuent d'évoluer, promettant un avenir où les soins de santé mentale seront non seulement plus accessibles, mais aussi plus personnalisés, empathiques et efficaces.

Analyse des émotions et comportement

Dans l'univers complexe de la santé mentale, l'analyse des émotions et des comportements représente un domaine où l'intelligence artificielle commence à déployer son potentiel de manière prometteuse. Grâce au développement de modèles avancés de machine learning, les technologies intelligentes peuvent désormais interpréter des nuances émotionnelles qui, auparavant, nécessitaient l'intervention directe de professionnels de santé. À travers l'analyse des voix, des expressions faciales et des textes écrits, les systèmes d'IA sont capables de détecter des indicateurs subtils de troubles émotionnels et comportementaux. Par exemple, la reconnaissance vocale peut discerner des changements dans le ton ou la vitesse de parole associés à des états émotionnels particuliers. De même, les algorithmes d'analyse d'image peuvent identifier des micro-expressions faciales indicatives de mal-être psychologique.

Les plateformes de surveillance numérique, propulsées par des technologies d'IA, exploitent ces capacités pour offrir des outils puissants aux thérapeutes et aux psychologues. Grâce à l'intégration de ces technologies, les cliniciens peuvent bénéficier d'une compréhension plus complète de l'état émotionnel de leurs patients, basée sur des données objectives et continues. Cela améliore la précision du diagnostic et l'efficacité des interventions thérapeutiques en permettant une adaptation plus fine aux besoins individuels des patients.

En plus des indications visuelles et sonores, l'analyse textuelle offre un autre vecteur précieux pour l'évaluation des émotions et des comportements. Les systèmes de traitement du langage naturel peuvent scruter des volumes immenses de données textuelles provenant des médias sociaux, des journaux intimes numériques, ou des réponses à des questionnaires, à la recherche de modèles linguistiques révélateurs de détresse mentale. En examinant la fréquence des mots, les styles d'expression, ou l'évolution de la structure linguistique, ces technologies peuvent prévenir les professionnels de santé en cas de signaux d'alerte précoces, facilitant ainsi une intervention rapide.

Cependant, l'application de l'IA dans ce domaine pose également des dilemmes éthiques et pratiques. La sensibilité des données émotionnelles et comportementales nécessite une gestion extrêmement prudente pour éviter des violations de la vie privée. Les chercheurs et développeurs doivent œuvrer à la création de systèmes qui garantissent la confidentialité et la sécurité des informations personnelles tout en maintenant une transparence dans les processus de collecte et d'analyse de données. En outre, il est impératif de surmonter les biais algorithmiques qui pourraient conduire à des diagnostics erronés, particulièrement pour des populations sous-représentées dans les jeux de données d'entraînement.

Malgré ces défis, l'analyse des émotions et comportements à travers l'intelligence artificielle ouvre des opportunités considérables pour transformer le paysage de la santé mentale. À mesure que ces technologies se raffinent, elles promettent non seulement d'améliorer la détection et le traitement des troubles mentaux, mais aussi de démocratiser l'accès aux soins en décuplant les ressources disponibles pour un plus grand nombre de personnes. Ainsi, dans notre quête pour comprendre et améliorer le bien-être mental, l'IA ne se positionne pas uniquement comme un outil, mais comme un partenaire essentiel, prêt à démultiplier les capacités humaines d'empathie et de soin.

Détection précoce des troubles mentaux

Dans le vaste paysage de la santé mentale, la détection précoce des troubles est cruciale pour offrir des interventions opportunes et réduire l'impact des maladies sur la vie des individus. L'intelligence artificielle, avec ses puissantes capacités d'analyse et d'apprentissage, émerge comme un outil précieux dans cet effort. Historiquement, le diagnostic des troubles mentaux reposait sur des évaluations subjectives réalisées par des professionnels, s'appuyant sur des entretiens, des questionnaires et leur expertise. Ces méthodes, bien qu'efficaces, étaient souvent limitées par des biais humains et par la variabilité des expressions symptomatiques d'une personne à l'autre.

L'introduction de l'IA dans ce domaine révolutionne cette approche. Avec sa capacité à traiter de vastes volumes de données à partir d'un large éventail de sources - textes cliniques, dossiers de santé électroniques, réseaux sociaux, capteurs biométriques - l'IA peut identifier des schémas que l'œil humain pourrait manquer. Les modèles d'apprentissage automatique, par exemple, peuvent être formés pour reconnaître des indicateurs subtils de troubles mentaux tels que la dépression, l'anxiété ou la schizophrénie. Grâce à l'analyse de données textuelles, l'IA peut détecter des changements linguistiques ou émotionnels dans les communications, qui peuvent être précoces témoins de détérioration mentale.

De plus, l'utilisation de capteurs intelligents et de dispositifs portables permet de suivre en temps réel l'activité physique, le sommeil, et d'autres biomarqueurs liés à la santé mentale. Ces données physiologiques, lorsqu'elles sont croisées avec des modèles d'IA, peuvent fournir des indicateurs immédiats de variations dans l'état mental, souvent avant que le sujet n'en prenne conscience lui-même. Ainsi, les systèmes d'IA peuvent inciter à la consultation médicale précoce, avant que les symptômes ne deviennent trop graves ou chroniques.

Bien entendu, cette technologie n'est pas sans défis. La confidentialité des données est une priorité essentielle, car les informations mentales sont particulièrement sensibles. De solides mesures de sécurité doivent être mises en place pour assurer la confidentialité des patients. En outre, les modèles d'IA doivent être conçus pour être inclusifs et représentatifs des divers contextes culturels et socio-économiques pour éviter tout biais qui pourrait compromettre leur utilité et équité. L'intégration de l'IA dans des systèmes de santé souvent fragmentés nécessite une collaboration étroite entre technologues, cliniciens et décideurs politiques afin de créer des standards communs et des régulations appropriées.

Malgré ces défis, le potentiel de l'IA pour transformer la détection précoce des troubles mentaux est immense. Les gains en efficacité et rapidité pourraient non seulement sauver des vies, mais aussi améliorer significativement la qualité de vie des patients. En détectant et traitant les problèmes à leur origine, nous pouvons réduire la charge de la maladie mentale pour les individus et la société dans son ensemble. Le futur promet donc d'être une époque où l'IA contribuera de manière significative à un monde plus sain, avec des soins de santé mentale plus précis, personnalisés et accessibles.

Applications de thérapie numérique

Les avancées en intelligence artificielle ont transformé de nombreux secteurs, et la santé mentale n'échappe pas à cette évolution. Les applications de thérapie numérique émergent comme des outils puissants, offrant des solutions innovantes pour les patients et les professionnels de santé. Ces applications, propulsées par des algorithmes sophistiqués, permettent de personnaliser et d'affiner le soutien psychologique selon les besoins individuels, ouvrant de nouvelles perspectives dans le traitement des troubles mentaux.

L'une des grandes innovations est l'usage de l'IA pour développer des thérapies numériques interactives. Ces plateformes utilisent souvent des chatbots intelligents pouvant simuler des conversations avec des patients. Grâce à l'apprentissage automatique, ces systèmes peuvent saisir les nuances du langage humain, comprendre les expressions émotionnelles et répondre de manière appropriée. Cela est particulièrement utile pour les personnes souffrant de dépression ou d'anxiété, leur offrant une forme d'interaction continue et immédiate, souvent à un coût moindre que les thérapies traditionnelles. Cette approche permet également une grande accessibilité pour les individus vivant dans des zones reculées où l'accès à un thérapeute est limité.

En complément, les applications de thérapie numérique exploitant l'IA peuvent fournir des interventions personnalisées basées sur les données comportementales de l'utilisateur. En collectant et en analysant des informations recueillies à travers des questionnaires, des journaux de bord ou des capteurs intégrés, l'IA peut déterminer l'état émotionnel d'un utilisateur et proposer des exercices de pleine conscience ciblés, des techniques de relaxation ou encore des suggestions de comportements positifs adaptés à chaque contexte. Par ailleurs, en s'appuyant sur des bases de données médicales, ces applications sont capables d'apprendre des traitements passés et de s'en inspirer pour recommander des plans d'intervention optimisés.

La surveillance continue par l'IA est également une fonctionnalité révolutionnaire dans ce domaine. Elle permet un suivi constant des symptômes des patients en temps réel grâce à l'intégration de la technologie dans des appareils portables et des smartphones. Cette surveillance proactive peut détecter des changements subtils dans les habitudes de sommeil, l'humeur ou le niveau d'activité physique d'une personne. En analysant ces données de manière systématique, les applications de thérapie numérique peuvent envoyer des alertes précoces aux utilisateurs ou à leurs soignants, les incitant à prendre des mesures avant qu'une crise ne se développe.

Enfin, le potentiel des thérapies numériques va bien au-delà des interactions individu-centrique. Grâce à l'intelligence artificielle, il est possible de créer des communautés virtuelles soutenantes permettant aux utilisateurs de partager leurs expériences et leurs défis avec d'autres personnes. Les plateformes supervisées par l'IA veillent à ce que ces espaces restent sûrs et productifs, en modérant les échanges et en fournissant des ressources éducationnelles automatiques en fonction des sujets de discussion.

Ainsi, l'intelligence artificielle, à travers les applications de thérapie numérique, démontre un potentiel remarquable pour transformer le soutien en santé mentale. En offrant des soins plus accessibles, personnalisés et continus, ces technologies peuvent considérablement améliorer la qualité de vie des patients tout en soutenant le travail des professionnels de santé pour gérer efficacement la crise mondiale de santé mentale. Les perspectives d'avenir s'annoncent prometteuses, avec des lignes de recherche ouverte permettant d'approfondir les possibilités de soin et de prévention.

Chapitre 8
Défis et limites de l'IA
en santé.

Biais algorithmiques et équité

Dans le domaine de la santé, l'intelligence artificielle (IA) offre des opportunités passionnantes pour améliorer le diagnostic, le traitement et la gestion des maladies. Cependant, elle présente également des défis majeurs, notamment en ce qui concerne les biais algorithmiques et l'équité. Ces biais surviennent lorsque les algorithmes apprennent à partir de données historiques qui peuvent être incomplètes, déséquilibrées ou refléter des préjugés existants dans la société. Par exemple, si un ensemble de données utilisé pour entraîner un algorithme est principalement composé de données provenant de populations spécifiques, il est probable que l'algorithme soit moins précis pour les autres groupes. Cela peut avoir des conséquences graves dans le domaine médical, où des erreurs de diagnostic ou l'omission de recommandations de traitement peuvent nuire à la santé des patients.

L'un des défis les plus significatifs réside dans le fait que les biais algorithmiques peuvent être difficiles à détecter et à corriger. Contrairement aux biais humains, souvent observables et reconnaissables, les biais dans les algorithmes sont souvent subtils, intégrés dans les couches profondes des réseaux neuronaux, et ne se manifestent clairement que lorsque les modèles sont déployés à grande échelle. Cela rend d'autant plus crucial le besoin de disposer de méthodologies robustes pour tester et valider les algorithmes avant leur mise en œuvre clinique, afin d'assurer que toutes les populations reçoivent des soins équitables et de haute qualité.

L'équité dans l'IA de santé soulève également des questions éthiques et légales. Les développeurs d'algorithmes ont la responsabilité de s'assurer que leurs modèles ne perpétuent pas les inégalités existantes. Cela implique non seulement d'évaluer les biais potentiels au cours du processus de développement, mais aussi de mettre en œuvre des stratégies pour les atténuer. Certaines approches incluent l'ajout de données supplémentaires pour compenser les déséquilibres dans les ensembles d'entraînement ou l'application de techniques de rééchantillonnage. Toutefois, ces solutions techniques doivent être complétées par une compréhension des contextes sociaux et culturels des données.

Au-delà des considérations techniques, il est essentiel d'engager les parties prenantes, y compris les patients, les cliniciens et les experts en éthique, dans le processus de développement et de déploiement des technologies d'IA. Cela aide à s'assurer que les solutions sont non seulement technologiquement viables, mais aussi socialement acceptables et alignées sur les besoins et les valeurs des communautés qu'elles serviront. De plus, les régulateurs joue un rôle central dans l'établissement de normes et de protocoles qui guident l'utilisation équitable des algorithmes de santé. En fixant des exigences strictes de transparence et des procédures d'audit pour les systèmes d'IA, ils peuvent contribuer à minimiser les biais et à promouvoir la confiance du public.

En définitive, atteindre une équité parfaite dans les applications d'IA en santé est une tâche complexe, mais pas impossible. Elle nécessite une collaboration multidisciplinaire continue et une attention minutieuse aux détails à chaque étape du cycle de développement des technologies. En effectuant ces efforts, nous pouvons espérer non seulement réduire les biais dans les algorithmes actuels mais aussi construire un cadre pour un avenir où l'IA contribue positivement à un système de santé plus juste pour tous.

Réglementation et cadre légal

Dans le contexte de l'intelligence artificielle (IA) appliquée au domaine de la santé, la réglementation et le cadre légal sont essentiels pour garantir non seulement la sécurité des patients, mais aussi la confiance dans les technologies émergentes. L'intégration de systèmes d'IA dans les soins de santé soulève une multitude de questions juridiques et éthiques, étant donné la nature délicate des données de santé et le potentiel de vie ou de mort que certaines applications représentent. À titre de premier défi, il y a la question de la confidentialité des données. Les systèmes d'IA ont besoin d'accéder à de vastes ensembles de données pour fonctionner efficacement, souvent issues de dossiers médicaux électroniques contenant des informations sensibles et personnelles. La législation sur la protection des données, telle que le Règlement général sur la protection des données (RGPD) en Europe, impose des exigences strictes sur la collecte, le traitement et le partage de ces données. Les développeurs et les utilisateurs de technologies d'IA doivent se conformer à ces règlements pour exploiter légalement et éthiquement des données personnelles.

Outre la protection des données, la responsabilité en cas de préjudice causé par un système d'IA médical est une préoccupation majeure. Si un système d'IA commet une erreur, la question qui se pose est de savoir qui en est responsable : le développeur du logiciel, le fournisseur de données, ou le professionnel de la santé qui l'utilise ? Cette question de responsabilité est encore plus complexe pour les algorithmes d'apprentissage automatique qui peuvent évoluer de manière imprévisible après leur déploiement. Les cadres légaux actuels ne sont pas toujours adaptés à ces scénarios, ce qui souligne la nécessité de règles claires concernant la responsabilité et l'imputabilité en cas d'erreurs ou de dysfonctionnements.

Une autre dimension critique de la réglementation est l'évaluation et la validation des systèmes d'IA en santé. Avant qu'un dispositif médical puisse être utilisé en clinique, il doit souvent obtenir une approbation de la part d'organismes de réglementation tels que la Food and Drug Administration (FDA) aux États-Unis ou l'Agence Européenne des Médicaments (EMA) en Europe. Ces entités exigent généralement des preuves solides de l'efficacité et de la sécurité, similaires à celles requises pour les médicaments et dispositifs médicaux traditionnels. Toutefois, les caractéristiques uniques de l'IA, notamment sa capacité à apprendre et à modifier ses performances au fil du temps, compliquent l'application des critères d'approbation existants et nécessitent souvent l'élaboration de nouvelles approches de validation.

La régulation de l'IA en santé doit également aborder les préjugés et les biais intégrés dans les algorithmes. Ces biais peuvent provenir des données d'entraînement biaisées ou de modèles inadéquats qui reflètent des stéréotypes sociaux ou des inégalités systémiques. Un cadre légal efficace doit veiller à ce que les créateurs d'IA s'efforcent activement de détecter et de minimiser ces biais à toutes les étapes du développement et du déploiement de la technologie. Des audits réguliers et des évaluations des préjugés algorithmiques pourraient être intégrés dans les processus de certification.

Enfin, il est essentiel de cultiver une culture de transparence et d'inclusivité dans le développement et la mise en œuvre de l'IA en santé. Les règles juridiques doivent exiger que les acteurs de l'IA soient clairs et honnêtes quant à la portée, la capacité et les limites de leurs technologies. De plus, les cadres légaux devraient favoriser l'engagement de toutes les parties prenantes, y compris les patients, les professionnels de la santé et les experts en éthique, afin d'assurer un développement équilibré et une adoption équitable de l'IA dans le milieu médical. En conclusion, le cadre légal entourant l'IA en santé est encore en formation, mais il est clair qu'une approche harmonisée, mondiale et dynamique sera nécessaire pour relever ces défis complexes.

Scepticisme des professionnels de la santé

Dans l'univers du soin, où l'humain a toujours occupé une place centrale, l'introduction de l'intelligence artificielle suscite autant de fascination que de scepticisme. Malgré les promesses de l'IA capables d'offrir des diagnostics plus rapides et précis, et d'optimiser les processus cliniques, une résistance notable persiste parmi les professionnels de la santé. Cette réticence se fonde sur plusieurs préoccupations légitimes. Tout d'abord, l'inexplicable complexité des algorithmes d'apprentissage profond alimente un manque de confiance. Les professionnels médicaux sont habitués à comprendre les mécanismes des outils qu'ils utilisent. Avec l'IA, les décisions sont souvent perçues comme des boîtes noires, où le cheminement vers le diagnostic ou la recommandation thérapeutique est difficilement traçable. Cela peut être troublant, surtout dans un domaine où la transparence est primordiale pour garantir la sécurité et la pertinence des soins.

Ensuite, la crainte de l'obsolescence de l'humain est un autre aspect de ce scepticisme. L'intelligence artificielle est parfois perçue comme une menace pour l'expertise humaine, instillant l'idée que les machines pourraient un jour remplacer les médecins et infirmières. Bien que l'automatisation de tâches répétitives puisse libérer du temps pour des soins plus personnalisés, l'anxiété entourant la dilution de la touche humaine persiste. Les praticiens s'inquiètent de la possibilité d'une réduction du rôle qu'ils occupent, à mesure que l'IA se voit confiée des responsabilités croissantes. De plus, la question éthique de la responsabilité en cas d'erreur est cruciale. Si un algorithme venait à faillir, qui en porterait la responsabilité ? Ce manque de clarté autour de la reddition de comptes dans les systèmes dotés d'IA contribue à renforcer le scepticisme. De nombreux professionnels craignent que la complexité des systèmes intelligents ne complique plutôt qu'elle n'allège la recherche de solutions aux erreurs médicales.

Le scepticisme s'accentue par ailleurs avec les préoccupations concernant la protection des données des patients. La santé est un domaine sensible, où la confidentialité et la sécurité sont cruciales. L'utilisation de l'IA nécessite souvent de grandes quantités de données personnelles, ce qui soulève des inquiétudes quant aux risques de violation de la vie privée et à la gestion des informations médicales. Les professionnels de la santé s'inquiètent de la capacité des systèmes actuels à protéger efficacement ces données, surtout à l'heure où les cyberattaques se multiplient. Ces préoccupations s'ajoutent à la réticence croissante à adopter ces technologies, du moins tant que des garanties robustes ne sont pas clairement établies.

En fin de compte, le scepticisme des professionnels de la santé face à l'IA souligne un besoin de dialogue continu et d'éducation mutuelle entre médecins, experts en IA, et développeurs. Ils doivent travailler ensemble pour clairement définir les rôles, objectifs et limites de ces technologies émergentes. Ce processus peut apaiser les craintes, dissiper les doutes et encourager l'acceptation d'outils intelligents comme compléments, et non concurrents, dans un système de santé centré sur le patient. Pour ce faire, il est impératif d'établir des plateformes pour des échanges ouverts sur la validation scientifique, l'interprétabilité et l'éthique, afin de démontrer que l'IA, loin d'être un outil à craindre, est une alliée précieuse qui peut redessiner positivement l'avenir de la santé.

Intégration dans les pratiques cliniques

L'intégration de l'intelligence artificielle dans les pratiques cliniques représente une avancée prometteuse, mais elle est parsemée de défis complexes. L'adoption de solutions basées sur l'IA dans le secteur de la santé n'est pas simplement une question de technologie, mais elle implique aussi une transformation profonde des processus médicaux traditionnels. Pour commencer, l'un des principaux enjeux réside dans l'acceptation par les professionnels de la santé. Les médecins, infirmières et autres personnels soignants se montrent souvent sceptiques face à des technologies qu'ils perçoivent comme des boîtes noires, dont les mécanismes de décision ne sont pas toujours transparents. Il est crucial que les systèmes d'IA soient conçus de manière à expliquer clairement leurs méthodes et résultats, ce qui peut aider à instaurer la confiance parmi ces utilisateurs.

Ensuite, la formation et l'éducation des professionnels de santé deviennent essentielles pour faciliter une intégration fluide. Les praticiens doivent non seulement être informés sur le fonctionnement des outils d'IA, mais ils doivent également comprendre comment ces outils peuvent être intégrés dans leurs routines cliniques sans perturber leur flux de travail habituel. Cela implique des programmes de formation spécialisés qui mettent l'accent sur l'interprétation des résultats fournis par l'IA et sur l'intégration de ces résultats dans la prise de décision clinique.

Un autre obstacle majeur à l'intégration de l'IA dans les pratiques cliniques est la question de la gestion des données. Les systèmes d'IA nécessitent d'énormes quantités de données pour fonctionner efficacement, cependant, l'accès à ces données est souvent limité par des contraintes règlementaires concernant la confidentialité et la sécurité des informations des patients. Il est essentiel que les solutions proposées soient conformes aux normes éthiques et légales, tout en garantissant la protection des données. Cela implique un investissement significatif dans des infrastructures sûres et des politiques de gouvernance des données robustes.

L'hétérogénéité des systèmes de santé représente également un défi non négligeable. L'interopérabilité entre les différents systèmes de santé existants est souvent problématique, créant ainsi des silos de données qui freinent la pleine exploitation des capacités de l'IA. Des efforts concertés pour établir des normes communes et favoriser l'interopérabilité des systèmes sont nécessaires pour surmonter ces barrières.

Enfin, l'évaluation de l'impact clinique des technologies d'IA doit être rigoureuse et continue. Les praticiens ont besoin de preuves tangibles que ces technologies améliorent réellement les résultats de santé pour qu'ils soient enclins à les utiliser de manière régulière. Cela nécessite la mise en place de protocoles d'évaluation solides qui mesurent non seulement l'exactitude et l'efficacité des outils d'IA, mais aussi l'impact sur l'expérience des patients et le flux de travail clinique.

Ainsi, l'intégration de l'IA dans les pratiques cliniques n'est pas un simple ajout technologique, mais bien une transformation qui requiert une approche holistique, combinant la technologie, la formation, la gestion des données, l'interopérabilité et l'évaluation continue de l'impact. Tout cela doit converger pour réaliser la promesse de l'IA en tant que catalyseur d'innovation dans le domaine de la santé, améliorant à la fois l'efficacité des soins et les résultats pour les patients.

Chapitre 9
Tendances émergentes
de l'IA en santé.

Technologies portables et surveillance

Dans le domaine de la santé, l'essor des technologies portables et de la surveillance médicale représente une révolution en pleine expansion, rendue possible grâce à l'intelligence artificielle. Ces dispositifs, que ce soit des montres intelligentes, des vêtements connectés ou même des implants médicaux, sont de plus en plus intégrés dans notre quotidien. Ils ont pour objectif principal de collecter des données de manière continue sur différents paramètres physiologiques tels que la fréquence cardiaque, la température corporelle, le niveau d'oxygène dans le sang ou encore l'activité physique. L'intelligence artificielle joue un rôle crucial dans cette transformation en permettant une analyse en temps réel de ces données massives. Les algorithmes d'IA sont capables de détecter des tendances, de prédire des anomalies et, ainsi, d'alerter précocement les utilisateurs ou les professionnels de santé en cas de potentiel problème médical.

Ces dispositifs portables, en fournissant une surveillance constante et personnalisée, permettent de passer d'une pratique médicale réactive à une démarche proactive. L'IA, en analysant les données de façon dynamique, permet aux médecins de prendre des décisions éclairées et d'adapter rapidement les traitements en fonction des besoins spécifiques de chaque patient. Cette approche individualisée est particulièrement bénéfique pour la gestion des maladies chroniques comme le diabète ou l'hypertension, où la capacité à surveiller en permanence les paramètres critiques peut significativement améliorer la qualité de vie des patients et réduire les risques de complications graves. De plus, cette technologie ouvre de nouveaux horizons en matière de prévention. Par exemple, avant même l'apparition de symptômes inquiétants, l'IA peut identifier des comportements à risque ou des changements subtils dans les signes vitaux d'un individu, fournissant ainsi des opportunités d'intervention précoces.

La surveillance à distance via des technologies portables est également en train de transformer la manière dont les soins de santé sont délivrés, en rendant possible le suivi des patients sans qu'ils aient à se déplacer régulièrement en cabinet ou à l'hôpital. Ceci est particulièrement précieux dans les zones rurales ou sous-desservies où l'accès aux soins est limité. En optimisant l'utilisation de ces dispositifs, l'IA permet une meilleure allocation des ressources médicales, réduisant ainsi les charges pesantes sur les systèmes de santé. Cependant, cette révolution technologique ne vient pas sans défis. La sécurité et la confidentialité des données médicales sont des préoccupations majeures. La collecte continue et l'analyse des données sensibles impliquent un besoin impérieux de robustes systèmes de protection pour garantir la vie privée des utilisateurs.

Les technologies portables et la surveillance en santé posent également des questions d'éthique concernant l'automatisation des décisions cliniques et l'impact potentiel sur la relation traditionnelle entre le patient et le médecin. L'acceptation et l'adoption de ces outils par les professionnels de santé et le grand public dépendent de leur confiance dans la précision, la sécurité et le bénéfice perçu de ces innovations. À mesure que la technologie continue d'évoluer, il est impératif que la réglementation et les pratiques évoluent également pour garantir que ces avancées soient utilisées de manière éthique et responsable, afin de maximiser leurs avantages tout en minimisant les risques associés. Dans cette ère numérique, les technologies portables couplées à l'IA représentent sans conteste une avancée prometteuse dans le monde de la santé, posant les bases d'un avenir où la santé proactive et personnalisée devient la norme.

Intelligence collective et santé publique

L'intelligence collective, souvent perçue comme l'une des dynamiques les plus prometteuses dans la gestion des sociétés modernes, trouve en santé publique un terrain fertile pour s'épanouir. À l'intersection de l'intelligence humaine et artificielle, elle valorise la collaboration entre professionnels de santé, chercheurs, patients, et technologies avancées pour résoudre les défis les plus complexes. En exploitant la data, l'intelligence collective aide à transformer des volumes massifs d'informations en connaissances précieuses pour anticiper, diagnostiquer, et traiter les maladies. L'IA joue ici un rôle catalyseur essentiel. Elle permet de connecter des bases de données cliniques dispersées à travers le monde, facilitant un apprentissage plus rapide et une adaptation quasi-instantanée aux nouvelles découvertes. Cette synergie est particulièrement cruciale en matière de santé publique, où les épidémies et crises sanitaires nécessitent une action coordonnée et rapide des différentes parties prenantes.

Les systèmes d'IA sont de plus en plus capables de traiter de grandes quantités de données en un temps record, fournissant des analyses approfondies sur les tendances épidémiologiques, et optimisant l'allocation des ressources médicales. Par exemple, durant la pandémie de COVID-19, des modèles d'IA ont aidé à prédire les foyers d'infection et ont permis aux autorités sanitaires de réagir plus efficacement. Toutefois, l'intelligence collective ne se limite pas aux réponses à court terme. Elle est également la clé pour une planification stratégique à long terme en santé publique. En intégrant les connaissances issues des communautés locales, l'IA peut contribuer à une personnalisation accrue des interventions de santé, augmentant ainsi leur efficacité et leur pertinence culturelle.

Mais l'intelligence collective en santé publique ne serait pas complète sans prendre en compte le rôle du citoyen. Grâce aux technologies numériques et aux plateformes d'engagement participatif, les individus peuvent jouer un rôle actif dans la collecte et le partage de données sur leur état de santé et les conditions locales. Cette participation enrichit les bases de données existantes et améliore la précision des prédictions des IA, tout en renforçant la responsabilisation et l'engagement communautaire. Cependant, cette approche collaborative soulève des questions éthiques et de confidentialité qui doivent être abordées avec rigueur. Assurer la protection des données personnelles et éviter leur biais est crucial pour maintenir la confiance du public et garantir une utilisation responsable des technologies d'IA.

En fin de compte, l'intelligence collective dans le domaine de la santé publique promet de transformer notre capacité à gérer des crises sanitaires et à améliorer la qualité des soins. En optimisant les synergies entre l'humain et la machine, elle ouvre la voie à une nouvelle ère de progrès médicaux caractérisés par une compréhension approfondie des problèmes de santé complexes, une réactivité accrue face aux menaces émergentes, et une inclusion plus large des voix individuelles dans le processus de décision. C'est un avenir où la convergence technologique et humaine permet non seulement de traiter des symptômes mais de véritablement anticiper et prévenir les maladies, tout en renforçant les systèmes de santé mondiaux pour qu'ils soient plus résilients et adaptables aux défis de demain.

Innovations en matière de traitement personnalisé

L'essor de l'intelligence artificielle dans le domaine de la santé a ouvert la voie à des innovations remarquables en matière de traitement personnalisé, offrant des perspectives sans précédent pour les soins médicaux contemporains. L'une des avancées les plus prometteuses de l'IA est sa capacité à analyser d'énormes volumes de données cliniques et génomiques pour développer des traitements individualisés, adaptés aux besoins spécifiques de chaque patient. Contrairement aux approches traditionnelles qui s'appuient souvent sur des protocoles standardisés, l'intelligence artificielle permet de prendre en compte l'unicité de chaque individu en intégrant des facteurs tels que la génétique, le mode de vie et les antécédents médicaux.

Cette personnalisation des traitements est rendue possible grâce aux modèles d'apprentissage automatique, capables de détecter des motifs complexes dans des jeux de données hétérogènes. En traitant ces informations, les algorithmes peuvent prédire avec précision la réponse d'un patient à un traitement particulier, permettant ainsi aux médecins de choisir la thérapie la plus efficace avec un minimum d'essais et d'erreurs. Par exemple, dans le domaine de l'oncologie, des modèles prédictifs basés sur l'IA peuvent identifier les mutations génétiques spécifiques des cellules cancéreuses d'un patient, ouvrant la voie à des thérapies ciblées qui optimisent les chances de réussite tout en réduisant les effets secondaires.

Par ailleurs, l'intelligence artificielle contribue à la découverte de nouveaux médicaments en accélérant la phase de recherche et de développement. En exploitant des algorithmes avancés, les chercheurs peuvent simuler des interactions chimiques complexes à une vitesse et avec une précision auparavant inatteignables. Ces outils permettent de rationaliser le processus de découverte, identifiant rapidement les molécules prometteuses et adaptant celles-ci aux profils génétiques uniques des patients. La capacité de l'IA à repérer des combinaisons de thérapies innovantes et à en prédire l'efficacité renforce l'idée que chaque patient peut bénéficier d'un traitement conçu sur mesure pour ses besoins particuliers.

Le recours à l'IA pour personnaliser les soins n'est pas limité aux traitements médicamenteux. Dans les soins quotidiens, elle permet également l'adaptation dynamique des protocoles de soins en temps réel. Par exemple, dans la gestion des maladies chroniques telles que le diabète, des applications intelligentes peuvent surveiller en continu les paramètres physiologiques des patients, ajustant automatiquement le dosage de l'insuline ou suggérant des modifications du régime alimentaire en fonction des fluctuations détectées. Ces interventions précises et réactives illustrent comment l'IA transforme l'expérience du patient en lui offrant un suivi personnalisé continu.

Enfin, la démocratisation de l'accès aux technologies de l'IA favorise la création de solutions de santé accessibles à tous et adaptées aux contextes locaux. Grâce à l'essor des dispositifs connectés et aux applications mobiles, même les populations vivant dans des régions éloignées peuvent bénéficier d'une expertise médicale avancée. Les avancées en IA permettent également aux cliniciens de partager des informations et des solutions instantanément à travers le monde, facilitant une approche collaborative de la santé personnalisée qui transcende les frontières géographiques.

En conclusion, les innovations en matière de traitement personnalisé grâce à l'intelligence artificielle transforment fondamentalement le paysage des soins de santé, rendant possible une médecine véritablement centrée sur le patient. Tandis que les algorithmes continuent de s'améliorer et que les volumes de données disponibles augmentent, la promesse de traitements sur mesure pour chaque individu ne fait que se renforcer, posant les jalons d'une nouvelle ère de soins de santé optimisés et humainement enrichis.

Blockchain et sécurité des données de santé

Dans le contexte de l'évolution rapide de l'intelligence artificielle dans le domaine de la santé, la question de la sécurité et de la confidentialité des données est devenue primordiale. Une technologie qui émerge comme potentiellement transformatrice dans ce contexte est la blockchain. Traditionnellement associée au secteur financier pour sa capacité à sécuriser les transactions, la blockchain offre des avantages uniques pour la gestion sécurisée des données de santé sensibles. Elle propose une manière de stocker des informations dans des registres distribués qui sont immuables, résistants à la falsification et hautement sécurisés.

La blockchain peut potentiellement transformer comment les données de santé sont collectées, partagées et sécurisées. Chaque fois qu'une transaction de données de santé est effectuée, un nouveau bloc est ajouté à la chaîne. Ce bloc est lié à tous les blocs précédents grâce à des techniques cryptographiques complexes, garantissant ainsi que les informations enregistrées ne peuvent pas être modifiées sans que l'ensemble du réseau ne soit informé et impliqué. Cette immuabilité est particulièrement cruciale dans le secteur de la santé, où les erreurs ou l'altération des données peuvent avoir des conséquences graves.

En outre, la nature décentralisée de la blockchain signifie qu'aucune entité unique ne possède ou ne contrôle l'ensemble du réseau de données, ce qui réduit les risques associés aux points de défaillance centralisés. Cette décentralisation offre aux patients un meilleur contrôle sur qui a accès à leurs informations personnelles, renforçant ainsi la confidentialité et l'autonomie personnelle. Imaginez un système où vous pourriez accorder à votre médecin un accès temporaire à votre historique médical seulement via une simple clé numérique, et révoquer cet accès à tout moment. Cela représente une avancée significative par rapport aux systèmes actuels où les données des patients sont souvent dispersées entre divers prestataires de soins de santé et potentiellement vulnérables à des violations de sécurité.

Un autre avantage clé de l'application de la blockchain dans le domaine de la santé réside dans sa capacité à améliorer l'intégrité et la véracité des données. Grâce à l'approche distribuée et au consensus requis pour valider les transactions, la blockchain peut réduire les risques de fraudes ou de falsifications de données médicales. Ces caractéristiques sont essentielles pour renforcer la confiance des patients et des professionnels de santé dans les systèmes numériques de gestion des informations médicales. De plus, en s'appuyant sur des contrats intelligents, les systèmes de santé pourraient automatiser des processus complexes, tels que la libération des fonds d'assurance ou la gestion des prescriptions en fonction de conditions prédéfinies validées par la blockchain.

Cependant, malgré ces promesses, l'intégration de la blockchain dans les systèmes de santé n'est pas sans défis. Les questions de scalabilité, les coûts de mise en œuvre, et les régulations en matière de protection des données doivent être soigneusement considérées. De plus, il faut veiller à ce que les systèmes basés sur la blockchain soient conçus pour être interopérables avec les technologies médicales existantes, permettant une adoption fluide et durable. Dans une perspective d'avenir, avec des solutions potentiellement révolutionnaires à portée de main, la blockchain pourrait bien être un pilier de la prochaine génération de stockage et de sécurité des données de santé, jouant un rôle crucial dans l'amélioration de la confidentialité, de la transparence et de la confiance dans l'écosystème de la santé.

Chapitre 10
Rôle des données dans l'IA en santé.

Infrastructures de données et interopérabilité

Dans le domaine de la santé, l'intelligence artificielle repose sur une fondation essentielle : les données. Les infrastructures de données et l'interopérabilité jouent un rôle crucial pour garantir que ces données puissent être utilisées efficacement afin de transformer les soins de santé. L'infrastructure de données désigne l'ensemble des systèmes et technologies qui permettent de collecter, stocker, gérer et accéder aux données de manière sécurisée. Dans le secteur de la santé, ces infrastructures doivent être robustes, flexibles et capables de gérer de grandes quantités d'informations sensibles provenant de diverses sources, telles que les dossiers médicaux électroniques, les appareils de diagnostic, et les applications de santé mobile.

L'efficacité de l'intelligence artificielle en santé dépend de l'accès à des données complètes et de haute qualité. Cependant, les systèmes de santé, souvent fragmentés, utilisent différents formats et protocoles pour stocker et échanger des informations. Cela crée des silos de données qui nuisent à l'exploitation optimale des potentiels de l'IA. Autrement dit, l'interopérabilité, ou la capacité des systèmes à échanger et utiliser des données de manière transparente, est essentielle. Elle permet aux données de circuler librement au-delà des frontières technologiques et institutionnelles, facilitant une vue d'ensemble du patient, qui est cruciale pour l'analyse prédictive et d'autres applications avancées de l'IA.

Pour surmonter les barrières à l'interopérabilité, des normes et protocoles communs ont été développés. Par exemple, FHIR (Fast Healthcare Interoperability Resources) est une norme conçue pour faciliter l'échange de données de santé électroniques. En permettant une interaction fluide entre différents systèmes, FHIR devient un langage commun pour les plateformes de santé, ouvrant la voie à une meilleure intégration des technologies d'IA. Ces normes contribuent non seulement à l'interopérabilité technique mais aussi à la sécurité et à la confidentialité des données, ce qui est primordial dans un secteur où la protection des informations personnelles est une exigence juridique et éthique.

L'un des défis majeurs dans ce domaine est l'intégration des données provenant non seulement des environnements cliniques mais aussi des sources non traditionnelles, telles que les données génomiques, les dispositifs portables et les applications de bien-être. Ces nouvelles sources de données peuvent enrichir la compréhension des profils de santé et des parcours des patients, mais elles nécessitent des capacités d'intégration avancées pour être exploitées efficacement. Les techniques de big data et les solutions cloud jouent un rôle de facilitateur, en offrant une capacité de stockage évolutive et une puissance de calcul nécessaire pour traiter des volumes importants de données hétérogènes.

Un autre aspect fondamental de l'interopérabilité est la collaboration entre les différents acteurs de l'écosystème de santé, y compris les professionnels de santé, les chercheurs et les entreprises technologiques. Cette collaboration doit être soutenue par des politiques de gouvernance des données rigoureuses et flexibles, afin de favoriser l'innovation tout en préservant la vie privée et la sécurité des patients. Les infrastructures de données évoluent constamment pour intégrer des technologies émergentes comme la blockchain, qui promettent de renforcer la sécurité et la traçabilité des transactions de données en santé.

En somme, améliorer les infrastructures de données et l'interopérabilité est fondamental pour libérer le potentiel de l'intelligence artificielle dans le secteur de la santé. Cela nécessite une approche coordonnée et continue pour harmoniser les systèmes et promouvoir l'échange de données, fondement indispensable pour un avenir où l'IA transforme les soins de santé de manière globale et équitable.

Collecte et gestion des données patient

La collecte et la gestion des données patient constituent le fondement sur lequel repose l'intelligence artificielle dans le domaine de la santé. Dans un univers de plus en plus numérique, les établissements de santé accumulent des quantités massives de données générées par les différents aspects des soins aux patients, allant des dossiers médicaux électroniques aux résultats de laboratoire, en passant par les images médicales et les enregistrements des consultations. Cette abondance d'informations représente une riche mine d'opportunités pour l'intelligence artificielle afin d'améliorer la qualité des soins, mais elle pose aussi des défis significatifs en termes de gestion, de sécurité et de confidentialité.

Pour tirer le meilleur parti de ces données, il est crucial de les collecter de manière systématique et organisée. Les données patient doivent être intégrées de façon cohérente et mises à jour en temps réel pour permettre une analyse précise et fiable. Cela requiert non seulement des systèmes informatiques sophistiqués capables de traiter divers types de données, mais aussi une rigoureuse normalisation des formats et des standards de saisie. La mise en place d'interfaces interopérables entre les différents systèmes de gestion hospitaliers permet de s'assurer que les données soient accessibles de manière fluide et uniforme, indépendamment de leur origine.

Cependant, la collecte et la gestion des données patient ne se limitent pas à des considérations technologiques. Le respect de la confidentialité et de l'éthique est primordial, surtout dans un domaine aussi sensible que la santé. Les lois comme le Règlement Général sur la Protection des Données

(RGPD) en Europe imposent des obligations strictes aux chercheurs et aux établissements pour garantir que les informations sensibles soient protégées contre tout accès non autorisé. Par conséquent, l'anonymisation et la pseudonymisation des données sont souvent utilisées pour prévenir tout lien direct entre les informations collectées et les individus concernés, sans pour autant sacrifier la qualité et la pertinence de l'analyse.

En outre, la collecte de données patient doit entrer dans un cadre de consentement éclairé. Les patients doivent être informés de la manière dont leurs données seront utilisées et des bénéfices potentiels pour la recherche médicale et l'amélioration des soins qu'elles peuvent engendrer. Ce consentement doit être obtenu de manière transparente et renouvelé lorsque les circonstances de l'utilisation des données changent. La confiance des patients dans la gestion de leurs données est un élément clé pour garantir leur coopération et l'efficacité des initiatives d'IA en santé.

Une fois les données patient collectées de manière appropriée et éthique, leur gestion efficace devient essentielle pour maximiser le potentiel de l'intelligence artificielle. Cela implique le stockage sécurisé des données, l'élaboration de stratégies de sauvegarde robustes, et le développement de méthodes d'apprentissage automatique qui peuvent traiter et analyser ces informations de manière dynamique. La qualité des données, incluant leur précision et leur exhaustivité, impacte directement la performance des modèles d'IA, rendant la gestion des données un aspect stratégique pour tout projet cherchant à mettre en œuvre des solutions d'intelligence artificielle dans un contexte clinique.

Face à ces défis, de nouvelles approches émergent, telles que l'utilisation de technologies décentralisées comme la blockchain pour offrir une traçabilité et une sécurité accrues dans la gestion des données. Bien que prometteuses, ces solutions nécessitent encore une évaluation rigoureuse quant à leur applicabilité réelle dans les contextes médicaux. En somme, la collecte et la gestion des données patient forment une pierre angulaire essentielle, harmonisant l'innovation technologique avec les principes éthiques et sociaux qui régissent la pratique médicale moderne.

Utilisation éthique des données

Dans le domaine de la santé, l'utilisation de l'intelligence artificielle repose largement sur l'exploitation de données sensibles et cruciales. Ces données sont le socle sur lequel reposent les algorithmes d'apprentissage automatique, qui permettent d'optimiser la précision des diagnostics, d'améliorer les traitements et de personnaliser les soins. Toutefois, manipuler de telles données exige une approche éthique soigneusement élaborée, car les informations médicales ne sont pas seulement des données. Elles représentent des bribes de vie, recelant des secrets intimes et des espérances. En effet, chaque dossier médical contient des détails qui, bien au-delà de simples points de données, racontent l'histoire de chaque individu, son parcours de santé, et souvent, les défis auxquels il fait face.

Prendre en compte les aspects éthiques de cette utilisation est donc primordial, car il s'agit avant tout de respecter la vie privée et l'autonomie des individus. Il est crucial de garantir la confidentialité des informations de santé pour éviter toute stigmatisation ou discrimination potentielle.

L'utilisation des données doit toujours refléter l'équité et l'égalité d'accès aux innovations et traitements qu'elle permet de développer. S'assurer que ces avancées profitent équitablement à tous est un impératif moral, et nécessite une vigilance continue pour éviter d'amplifier, par inadvertance, les inégalités préexistantes.

Il convient également de rappeler que le consentement informé reste un pilier fondamental de l'utilisation éthique des données en IA appliquée à la santé. Les patients doivent être pleinement conscients de la manière dont leurs informations personnelles seront utilisées. Cela implique une transparence totale sur les objectifs poursuivis et sur les éventuels échanges de données entre différents systèmes de soins ou partenaires commerciaux. Le consentement ne doit pas être un simple formulaire à signer, mais le fruit d'un dialogue approfondi basé sur la confiance. Une gérance respectueuse des droits des patients augmente la légitimité de l'utilisation de l'IA en médecine et pourrait grandement améliorer l'acceptation sociale de ces technologies.

Dans cette équation, le rôle des régulateurs et des

décideurs politiques est primordial. Ils doivent mettre en place des cadres juridiques robustes qui garantissent une gouvernance adéquate des données. Ces lois doivent non seulement protéger la vie privée des patients, mais aussi permettre l'innovation et l'amélioration continue des services de santé. Les régulations doivent être suffisamment flexibles pour évoluer parallèlement aux technologies, sans toutefois compromettre les principes éthiques essentiels.

Face à la formidable promesse que représente l'intelligence artificielle, il est tentant de céder à l'enthousiasme technologique. Néanmoins, les professionnels de santé, les chercheurs, et les développeurs d'IA ont le devoir de garder à l'esprit que telle puissance implique une responsabilité proportionnelle. En inscrivant leurs démarches actuelles dans une approche éthique réfléchie et pérenne, ils pourront s'assurer que les bénéfices de l'IA en santé profitent à l'humanité tout entière, aujourd'hui et dans l'avenir. L'éthique, loin d'être une contrainte, devient ainsi le catalyseur de véritables innovations durables et bienveillantes.

Partenariats entre secteur privé et public

Dans le domaine de la santé, les partenariats entre le secteur privé et le secteur public jouent un rôle fondamental dans le développement et l'application de l'intelligence artificielle (IA). Ces collaborations sont essentielles pour maximiser les avantages qu'offre l'IA tout en garantissant que ses applications restent centrées sur le patient et conformes aux normes éthiques et réglementaires. L'IA, par essence, repose sur des données massives qui doivent être collectées, traitées et analysées pour produire des résultats significatifs. Le secteur public, notamment les institutions de santé et les régulateurs, possède une vaste quantité de données de patients, une ressource inestimable pour le développement de modèles d'IA. Cependant, le traitement et l'analyse de ces données nécessitent une expertise souvent trouvée dans le secteur privé. Ainsi, les synergies qui découlent de ces partenariats sont des vecteurs puissants d'innovation.

Les entreprises privées, en particulier celles spécialisées dans la technologie et les sciences de la vie, apportent non seulement leur expertise technique mais également des ressources financières significatives. Elles investissent dans la recherche fondamentale et appliquée, développent des algorithmes sophistiqués et créent des plateformes robustes pour le déploiement de solutions d'IA. Le rôle du secteur public est tout aussi crucial. Il garantit que le développement de l'IA reste aligné avec les politiques de santé publique et les intègre dans les systèmes de soins de manière responsable et éthique. Le secteur public sert aussi de garant pour le respect de la vie privée des patients, un aspect fondamental du traitement des données sensibles utilisées dans l'IA.

L'interaction entre ces deux secteurs génère des innovations qui transforment non seulement le diagnostic et le traitement des maladies mais aussi la façon dont les services de santé sont administrés. Par exemple, des collaborations ont déjà permis la création de systèmes d'IA capables de prédire l'apparition de maladies avec une précision remarquable, permettant aux médecins d'intervenir plus tôt. Les analyses prédictives basées sur l'IA peuvent transformer les données de patients en informations exploitables pour personnaliser les soins et améliorer les résultats pour les patients.

Un autre avantage de ces partenariats réside dans l'accélération des processus de validation et de mise sur le marché des applications d'IA. En collaborant, les entités publiques et privées peuvent rationaliser les essais cliniques et d'autres évaluations cruciales pour prouver l'efficacité et la sécurité des innovations technologiques. Cela est particulièrement important dans un contexte où le temps est souvent un facteur critique, surtout lors de crises sanitaires.

Cependant, ces partenariats ne sont pas sans défi. Les différences culturelles et d'objectifs entre le secteur privé, tourné vers le profit, et le secteur public, orienté vers le service et le bien commun, peuvent générer des tensions. Il est donc primordial d'établir des cadres de collaboration clairs et équitables qui respectent les intérêts légitimes de chaque partie. En outre, des mécanismes de gouvernance transparents et participatifs sont nécessaires pour garantir que les technologies développées respectent les normes éthiques et apportent de réels bénéfices à une communauté élargie.

En conclusion, les partenariats entre le secteur privé et le secteur public sont indispensables pour concrétiser le potentiel de l'intelligence artificielle dans le secteur de la santé. Ces collaborations peuvent libérer une formidable série d'innovations technologiques qui transformeront les soins de santé, à condition qu'elles soient encadrées par des principes éthiques solides et une vision stratégique commune. Le véritable défi consiste à maintenir un équilibre entre l'innovation rapide et les impératifs éthiques, assurant ainsi que les bénéficiaires finaux de ces avancées soient toujours les patients eux-mêmes.

Chapitre 11
Vision du futur de l'IA
en santé.

L'avenir des soins de santé personnalisés

L'avenir des soins de santé personnalisés, propulsé par l'intelligence artificielle, s'annonce révolutionnaire. Déjà aujourd'hui, nous pouvons constater les premiers pas prometteurs de l'IA dans le domaine médical, notamment dans l'analyse de données génomiques, la détection précoce de maladies et l'optimisation des traitements. Cependant, ce n'est que la pointe de l'iceberg. À mesure que les technologies progressent et que les bases de données médicales s'enrichissent, l'IA promet de transformer radicalement la manière dont les soins de santé sont adaptés à chaque individu.

Imaginons un futur où chaque patient dispose d'un dossier médical intégralement numérisé, combinant non seulement ses antécédents médicaux et ses traitements antérieurs, mais aussi des données collectées en temps réel grâce à des dispositifs portables surveillant constants les paramètres vitaux. Ces informations, associées à une séquence complète de leur génome, seraient analysées par des systèmes d'IA capables de détecter des schémas que l'œil humain ne peut percevoir. L'IA pourrait prédire l'apparition de maladies bien avant que des symptômes cliniques ne se manifestent, permettant ainsi une intervention préventive efficace.

Dans ce monde, les traitements ne seraient plus basés sur une approche standardisée, mais plutôt sur une compréhension fine des caractéristiques uniques de chaque patient. L'IA jouerait un rôle central dans la proposition de médicaments et de dosages ajustés en fonction des réactions individuelles. En se basant sur d'énormes volumes de données provenant de cas similaires, l'IA pourrait aussi anticiper les effets secondaires potentiels et suggérer des alternatives mieux adaptées. Ce niveau de finesse promet des résultats thérapeutiques bien plus efficaces et une réduction significative des risques.

Les algorithmes d'apprentissage automatique, alimentés par les expériences médicales du monde entier, seraient en mesure de modéliser des scénarios complexes, aidant les médecins à établir des diagnostics avec une précision inégalée. En outre, l'IA faciliterait une collaboration mondiale en connectant les professionnels de santé à travers une infrastructure numérique globale, partageant les connaissances et les découvertes en temps réel, tout en sécurisant l'anonymat des patients grâce à des protocoles avancés de protection des données.

Cependant, cet avenir ne sera pas exempt de défis. L'un des aspects cruciaux sera de garantir que ces avancées technologiques soient accessibles à tous, indépendamment des entrenues. Il sera essentiel de veiller à ce que les communautés médicales et les décideurs politiques s'engagent à réduire les inégalités en matière de santé. De plus, l'implantation de systèmes d'IA nécessitera un consensus éthique solide pour s'assurer que ces outils soient utilisés à bon escient et respectent les droits des patients à la vie privée et à la décision éclairée.

Ainsi, l'avenir des soins de santé personnalisés, enrichi par l'intelligence artificielle, se présente comme une toile en évolution continue, tissée de promesses technologiques et de défis sociétaux. L'horizon qui se profile est celui d'une médecine de précision, préventive et personnalisée, où chaque individu bénéficie des avancées de la science, améliorant non seulement la qualité, mais aussi la durée de vie. En fin de compte, la réussite de cette transformation reposera sur la collaboration harmonieuse entre l'innovation technologique et les valeurs humaines fondamentales.

Innovations à venir dans l'IA

Dans le domaine de la santé, l'Intelligence Artificielle est sur le point de redéfinir notre compréhension des soins médicaux et de leur application. À l'avenir, les innovations en IA promettent de transformer radicalement le paysage médical. Imaginez un futur où les diagnostics médicaux sont instantanés et précisément personnalisés. Les avancées dans les algorithmes d'apprentissage profond permettront de collecter et d'analyser d'immenses jeux de données médicales en temps réel, offrant aux professionnels de la santé des insights souvent imperceptibles à l'œil humain. Les systèmes d'IA deviendront des alliés incontournables pour les médecins, offrant des recommandations basées sur des données spécifiques à chaque patient, réduisant ainsi le risque d'erreur humaine et augmentant l'efficacité des traitements.

Par ailleurs, l'émergence de l'IA expliquable sera un atout majeur, facilitant la compréhension des décisions prises par ces systèmes intelligents. Cela accroîtra la confiance des professionnels de santé en l'IA, leur permettant de collaborer plus efficacement avec ces outils. L'IA ne se contentera pas d'optimiser le temps médical; elle révolutionnera également la médecine préventive. Grâce à une modélisation prédictive avancée, les IA pourront identifier les prédispositions à certaines maladies bien avant l'apparition des premiers symptômes. Elles permettront d'adopter des mesures préventives personnalisées, modifiant ainsi le parcours de soins traditionnel basé sur le traitement des symptômes par anticipation des risques.

Les innovations à venir comprennent également la mise en œuvre de jumeaux numériques, des répliques virtuelles des patients créées grâce à l'IA et aux données massives. Ces jumeaux pourront simuler des réponses individuelles à différentes interventions médicales, optimisant ainsi les plans de soins avant qu'ils ne soient mis en œuvre dans le monde réel. Ces avancées offriront une médecine de précision non seulement plus rapide, mais également plus sûre et économique. Le développement de capteurs intelligents et d'appareils connectés poursuivra cette révolution, permettant un suivi continu et non invasif des paramètres vitaux des patients. Les applications de santé basées sur l'IA rendront ce suivi accessible à tous, réduisant ainsi les disparités géographiques dans l'accès aux soins.

En outre, la collaboration entre l'IA et la robotique verra naître des outils chirurgicaux d'une précision inégalée, facilitant des interventions minimales mais plus efficaces. L'IA jouera également un rôle central dans la découverte de nouveaux médicaments. Les algorithmes capables d'analyser les interactions complexes entre d'innombrables composés chimiques et les caractéristiques génétiques d'un individu accéléreront la mise au point de thérapies ciblées. Ces progrès rendent également possible la réactivité face à des menaces sanitaires globales, comme les pandémies, optimisant la recherche de vaccins et de traitements.

Cependant, cette ère de l'IA en santé apportera également des défis éthiques et légaux qu'il faudra anticiper, notamment en matière de vie privée, de biais algorithmiques et de régulation. Il sera crucial que les innovations technologiques s'accompagnent d'une réflexion éthique rigoureuse pour que leur intégration respecte la dignité humaine et l'équité des soins. Alors que nous nous tenons à l'aube de cette révolution, il est essentiel de naviguer avec soin pour garantir que l'IA dans la santé accomplisse son plein potentiel pour le bien de tous.

Prévisions sur l'impact de l'IA sur le secteur santé

L'impact de l'intelligence artificielle sur le secteur de la santé est un sujet de spéculation fascinant, où l'imagination rencontre l'innovation technologique rapide. Alors que l'IA continue d'évoluer, ses répercussions sur les systèmes de santé du monde entier se révèlent de plus en plus prometteuses. Nous pouvons entrevoir un monde où les diagnostics médicaux sont effectués avec une précision sans précédent, grâce à l'analyse de données massives et à l'apprentissage approfondi. Les algorithmes d'IA pourraient prédire l'apparition de maladies bien avant que les symptômes ne se manifestent, permettant ainsi une intervention précoce et personnalisation des soins de santé.

L'un des domaines où l'IA pourrait véritablement transformer le paysage médical est celui de la médecine de précision. En exploitant le potentiel des données génomiques, l'intelligence artificielle pourrait faciliter la réalisation de traitements sur mesure, adaptés au profil génétique unique de chaque patient. Ce niveau de personnalisation pourrait conduire à des taux de réussite des traitements nettement améliorés, réduisant ainsi la morbidité et la mortalité des maladies chroniques et incurables telles que le cancer. En outre, les avancées de l'IA dans le traitement du langage naturel permettraient de transformer les relations entre médecins et patients. Les chatbots médicaux et les assistants virtuels deviennent déjà une réalité, fournissant des conseils médicaux de base et des réponses rapides aux inquiétudes des patients. Cela pourrait devenir un élément crucial dans la gestion de la charge de travail des professionnels de santé, leur permettant de se concentrer sur les cas les plus complexes et de consacrer plus de temps à la prise de décisions cliniques importantes.

L'automatisation des tâches administratives par l'IA est une autre dimension qui promet d'apporter des changements significatifs. La paperasse étouffante et la gestion inefficace des dossiers médicaux pourraient céder la place à des systèmes intelligents capables de rationaliser les processus administratifs, augmentant ainsi l'efficacité opérationnelle des établissements de santé. Cela pourrait réduire les coûts, améliorer les flux de travail et minimiser les erreurs humaines. La réalité augmentée, associée à l'intelligence artificielle, pourrait également révolutionner la chirurgie en temps réel, permettant aux chirurgiens de visualiser et de simuler des procédures complexes avec une précision et une sécurité accrues. Enfin, l'un des impacts les plus puissants de l'IA pourrait être son potentiel à démocratiser l'accès aux soins de santé de qualité. Dans les régions éloignées ou sous-développées, où les ressources médicales sont limitées, l'intelligence artificielle peut combler le fossé. Grâce à la télé-médecine assistée par l'IA et aux diagnostics à distance, les services de santé pourraient devenir accessibles à ceux qui en ont le plus besoin, réduisant ainsi les inégalités en matière de santé. En anticipant l'avenir de l'intelligence artificielle dans le domaine de la santé, il est essentiel de noter que de tels progrès ne seront pas sans défis. Les aspects éthiques, ainsi que les questions de confidentialité et de sécurité des données, doivent être soigneusement pris en compte. Toutefois, avec une approche rigoureuse et responsable, l'impact de l'IA sur le secteur de la santé pourrait marquer le début d'une ère où les soins médicaux transcendent les frontières et où la qualité et l'égalité des soins sont accessibles à tous.

Scénarios futuristes d'une santé augmentée

Dans un avenir où l'intelligence artificielle a pleinement pénétré le domaine de la santé, notre vision de la médecine a radicalement changé, transformant les soins de santé en une expérience totalement immersive et personnalisée. Imaginez un monde où chaque individu porte un dispositif capable de surveiller constamment son état de santé, analysant les données biométriques en temps réel grâce à des algorithmes sophistiqués. Ces dispositifs, intégrés de manière transparente à notre quotidien, prévoient non seulement les maladies avant l'apparition des symptômes, mais suggèrent également des interventions spécifiques et personnalisées avant que la condition ne dégénère.

Les établissements de santé se transforment en centres d'innovation, où l'IA est intégrée à chaque niveau du processus médical. Les salles d'attente appartiennent au passé, remplacées par des systèmes de triage automatisés qui analysent les besoins des patients à distance et optimisent les horaires des rendez-vous pour minimiser l'attente. Lorsqu'un patient entre dans un hôpital ou une clinique, un assistant IA, communiquant à travers des interfaces vocale et tactile, guide le patient tout au long du processus de soins, répondant aux questions, clarifiant les procédures médicales, et assurant un lien constant avec le personnel médical.

Les diagnostics deviennent instantanés et précis, grâce à l'imagerie médicale augmentée par IA, capable d'identifier les anomalies subtiles que même les yeux les plus expérimentés d'un médecin pourraient manquer. Ces systèmes s'appuient sur des bases de données mondiales, enrichies de millions de cas, pour offrir des diagnostics comparatifs d'une précision inégalée. L'IA ne se contente pas de diagnostiquer; elle propose des plans de traitement optimisés, tenant compte des dernières avancées scientifiques et des particularités génétiques du patient, garantissant ainsi la meilleure approche thérapeutique possible.

Par ailleurs, la médecine prédictive ouvre des horizons précédemment inimaginables. Des modèles prédictifs, nourris par des données issues de capteurs corporels, d'antécédents médicaux et de comportements de vie, anticipent les risques de santé bien avant leur manifestation clinique. Les individus disposent donc d'une carte de leur futur potentiel en matière de santé, influençant leurs choix de vie quotidiens pour retarder ou prévenir l'apparition de maladies.

Dans cette ère de santé augmentée, le rôle du médecin évolue vers celui de consultant en santé, guidant les patients dans l'interprétation des informations fournies par l'IA, tout en replaçant l'humanité au cœur de l'expérience médicale. L'empathie, l'intuition humaine et la sagesse demeurent essentielles, car face à une technologie omniprésente, la valeur du soin personnel et la compréhension émotionnelle deviennent ce qui humanise l'interaction.

Cependant, cette vision futuriste ne vient pas sans défis. La protection des données personnelles, l'éthique de l'IA, et le besoin de maintenir une équité d'accès à ces technologies avancées sont des questions clés à résoudre. Tandis que le monde navigue dans cette nouvelle ère de santé augmentée, la collaboration interdisciplinaire entre scientifiques, ingénieurs, médecins et régulateurs sera cruciale pour maximiser les bénéfices tout en minimisant les risques. C'est un futur où l'intelligence artificielle et la compassion humaine travaillent main dans la main pour repousser les frontières de la santé, transformant ce qui semble aujourd'hui un rêve futuriste en une réalité tangible et bénéfique pour tous.

www.ingramcontent.com/pod-product-compliance
Lightning Source LLC
LaVergne TN
LVHW051236050326
832903LV00028B/2436